APPRENDRE
LE WOLOF

« Toute représentation ou reproduction, intégrale ou partielle, faite sans le consentement de l'auteur, ou de ses ayants droit ou ayants cause, est illicite (art. L122-4 du Code de la propriété intellectuelle). Cette représentation, ou reproduction, par quelque procédé que ce soit, constituerait une contrefaçon sanctionnée par l'article L 3345-2 du Code de la propriété intellectuelle ».

OBJECTIF LANGUES

APPRENDRE LE WOLOF
Niveau débutants
A2

Jean Léopold Diouf

LA COLLECTION OBJECTIF LANGUES

À PROPOS DU CADRE EUROPÉEN COMMUN DE RÉFÉRENCE POUR LES LANGUES

À partir de quel moment peut-on considérer que l'on "parle" une langue étrangère ? Et quand peut-on dire qu'on la parle "correctement", couramment ? Voire qu'on la "maîtrise" ? Cette question agite les spécialistes de la linguistique et de l'enseignement depuis toujours. Elle pourrait être de peu d'intérêt si les locuteurs d'aujourd'hui n'avaient pas à justifier leurs compétences dans ce domaine, notamment pour accéder à l'emploi.

C'est en partie pour répondre à cette question que le Cadre européen commun de référence pour les langues (CECRL), appelé plus communément "Cadre européen des langues", a été créé par le Conseil de l'Europe en 2001. Sa vocation première est de proposer un modèle d'évaluation de la maîtrise des langues neutre et adapté à toutes les langues afin de faciliter leur apprentissage sur le territoire européen. À l'origine, il entendait favoriser les échanges et la mobilité, mais aussi mettre un peu d'ordre dans les tests d'évaluation privés qui fleurissaient à la fin du XXe siècle et qui étaient, la plupart du temps, propres à une langue.

Plus de 15 ans après son lancement, son succès est tel qu'il a dépassé les simples limites de l'Europe et qu'il est utilisé dans le monde entier ; pour preuve, son cahier des charges est disponible en 39 langues. Les enseignants, les recruteurs et les entreprises y ont largement recours et les praticiens "trouvent un avantage à travailler avec des mesures et des normes stables et reconnues[1]."

LES 6 NIVEAUX DU CADRE EUROPÉEN DES LANGUES

Le cadre européen se divise en 3 niveaux généraux et en 6 niveaux communs de compétence :

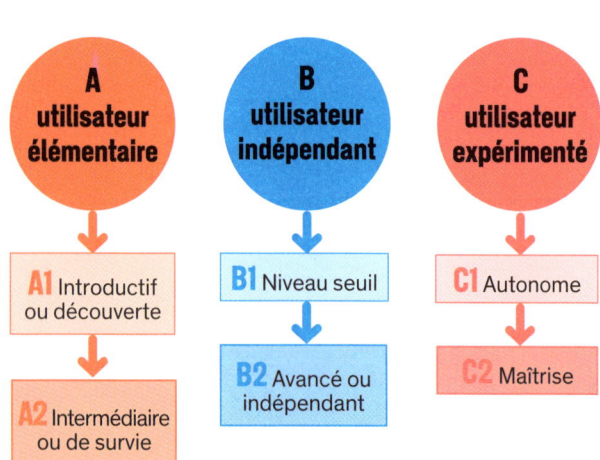

Chacun des niveaux communs de compétence est détaillé selon des activités de communication langagières :

- la production orale (parler) et écrite (écrire) ;
- la réception (compréhension de l'oral et de l'écrit) ;
- l'interaction (orale et écrite) ;
- la médiation (orale et écrite) ;
- la communication non verbale.

Dans le cadre de notre méthode d'apprentissage et de son utilisation, les activités de communication se limitent bien sûr à la réception (principalement) et à la production (un peu). L'interaction, la médiation et la communication non verbale s'exercent sous forme d'échanges en rencontrant des locuteurs et/ou en échangeant avec eux (avec ou sans présence réelle pour dire les choses autrement).

LES COMPÉTENCES DU NIVEAU A2

Avec le niveau A2, je peux :

- **comprendre** des expressions et des messages simples et très fréquents ;
- **lire** des textes courts et trouver une information dans des documents courants ;
- **comprendre** des courriers personnels courts et simples ;
- **communiquer** lors de tâches simples et habituelles ;
- **décrire** en termes simples ma famille, d'autres gens, mes conditions de vie, ma formation et mon activité professionnelle ;
- **écrire** des notes et des messages courts et simples.

La plupart des méthodes d'auto-apprentissage de langues actuelles utilisent la mention d'un des niveaux du cadre de référence (la plupart du temps B2), mais cette catégorisation a souvent été faite *a posteriori* et ne correspond pas forcément à leur cahier des charges.

En suivant les modules à la lettre, en écoutant les dialogues et en faisant les exercices proposés, vous parviendrez au niveau A2. Mais n'oubliez pas qu'il ne s'agit que d'un début. Le plus important commence ensuite : échanger avec des locuteurs natifs, entretenir sa langue et ne pas la laisser rouiller et, ainsi, améliorer sans cesse la compréhension et l'expression.

1. *Cadre européen commun de référence pour les langues,* Éditions Didier (2005).

APPRENDRE LE WOLOF

NOTIONS

- **PRÉSENTATION DE LA LANGUE**
- **SYSTÈME DE SON ET TRANSCRIPTION**
- **PRONONCIATION**
- **UN PEU DE MORPHOLOGIE**
- **L'INTONATION**

LE WOLOF, UNE DES LANGUES DE L'AFRIQUE OCCIDENTALE

Si vous avez cet ouvrage entre les mains, vous venez de faire le premier pas vers le cœur de la communauté linguistique wolof. Toutes nos félicitations et nos encouragements pour votre choix et votre motivation. Vous le savez, le wolof, comme toutes les autres langues, n'est ni difficile ni facile à apprendre. Il faut juste être disposé à le pratiquer pour l'acquérir progressivement. Ce manuel, votre second passeport pour le Sénégal, vous y aidera. Presque partout en terre sénégalaise, vous aurez l'opportunité de vous retrouver avec des locuteurs qui se feront le plaisir de vous encourager dans votre projet. En effet, le wolof est parlé dans la quasi-totalité du pays par près de 60% des autochtones, toutes ethnies confondues. Dans la rue ou dans les marchés des principales villes du Sénégal, jetez-vous à l'eau : ce sont des lieux propices aux bains linguistiques.

Les régions traditionelles wolof sont : Thies (Cayor), Diourbel (Baol), Kaolack (Saloum), Louga (Ndiambour) et Saint-Louis (Walo). La langue wolof est aussi parlée par quelques communautés en Gambie et dans une partie de la zone mauritanienne riveraine du fleuve Sénégal.

À tous ces locuteurs, s'ajoutent ceux de la diaspora en France, en Italie, aux USA, au Mali, en Guinée, en Côte d'Ivoire, au Gabon, etc.

Au fur et à mesure que vous progresserez dans votre apprentissage, vous découvrirez la culture et le mode de pensée de la société wolof à travers la structure de la langue, les expressions, les adages comme **Nit, nit ay garabam** *L'homme est le remède de l'homme* ou les proverbes comme **Lu la mar mayul, màtt du la ko may** *Ce que tu n'obtiens pas par la douceur, tu ne l'obtiendras pas par la violence* (litt. "Ce que lécher ne te donne pas, mordre ne te le donnera pas"). Tendez l'oreille à la littérature orale qui regorge de chants folkloriques des diverses cérémonies : mariage, circoncision, tatouage, lutte, etc. ou de chants rythmant les diverses activités quotidiennes : travaux domestiques, travaux champêtres, berceuses, etc.

LE SYSTÈME DES SONS DU WOLOF ET SA TRANSCRIPTION

Ne vous fiez pas aux transcriptions que vous ne manquerez pas de voir sur les enseignes, sur les voitures, les transports, les panneaux publicitaires, dans la presse écrite, ou dans les tchats et les blogs sur le Net...

Dans ce manuel, nous nous conformons au décret de transcription des langues nationales du Sénégal (plusieurs fois modifié depuis le décret 68-871 du 24 juillet 1968) qui codifie l'écriture du wolof.

La transcription des 16 phonèmes vocaliques (voyelles) wolof, implique les 5 lettres suivantes : **i, u, e, o, a**.

Ces 16 voyelles comptent des brèves, des longues, des ouvertes et des fermées :
- Brèves : **i** (se lit comme en français), **u** (se lit *[ou]*), **e** (comme dans *pré*), **é** (comme dans *chérie*), **o** (comme dans *roc*), **ó** (se lit *eau*), **a** (comme en français), **ë** (se lit *[œu]* comme dans *œufs*).
- Longues : **ii, uu, ee, ée, oo, óo, aa, à**.

à est la variante de **aa** devant une consonne prénasale ou une consonne géminée. Par exemple : dans **and** *vase en terre cuite pour brûler de l'encens* et **gall** *régurgiter*, les **a** respectivement devant une prénasale et une géminée sont courts ; dans **ànd** *aller ensemble* et **gàll** *porter en bandoulière*, les **a** respectivement devant une prénasale et une géminée sont longs.
- Ouvertes : **e, o, a**.
- Fermées : **i, u, é, ó, ë**.

Vous aurez remarqué l'absence de voyelles nasales en wolof, il faut prononcer chaque lettre distinctement : **an**, **en**, **in**, **on**, **un**.

La transcription des 48 phonèmes consonantiques (consonnes) wolof, implique les 20 lettres suivantes : **b, c, d, f, g, h, j, k, l, m, n, ŋ, p, q, r, s, t, w, x, y**.

Ces 48 consonnes comptent des relâchées (dites simples), des tendues (dites géminées) et des prénasales.
- Relâchées : **b, c, d, f, g, h, j, k, l, m, n, ñ, ŋ, p, q, r, s, t, w, x, y**.
- Tendues : **bb, cc, dd, gg, jj, kk, ll, mm, nn, ññ, ŋŋ, pp, q, rr, tt, ww, yy**.
- Prénasales : **mb, mp, nc, nd, ng, nj, nk, nq, nt, nx**.

Prenez garde ; des mots, formellement presque identiques, peuvent avoir des sens totalement différents à cause d'une ou de la combinaison de deux de ces caractéristiques :
- Longueur de voyelle : **seet** *regarder* ; **set** *propre*.
- Tension de consonne : **wonn** *avaler* ; **won** *montrer*.
- Ouverture de voyelle : **reer** *dîner* ; **réer** *être perdu*.
- Combinaison de caractéristiques : **xàll** *[xaall] frayer (un chemin)* ; **xal** *braise*.

■ LES 6 LETTRES QUI ONT UNE PRONONCIATION PARTICULIÈRE EN WOLOF

u = *[ou]* comme dans *cou*,
c = *[tch]* comme dans *check*,
j = *[j]* comme dans *django*, *john*,

ŋ = *[ng]* comme dans *bling-bling*,
x = *[kh]* comme dans **achtung** en allemand ou **Juan** en espagnol,
q = comme *[x]* ci-dessus mais en plus appuyé.

Un accent (signe diacritique) modifie la valeur de la lettre qui le porte :
ó se prononce comme en français *eau,*
ë se prononce *[œ]* comme dans des *œufs*,
ñ se prononce *[gn]* comme dans *campagne,*
é se prononce *[é]* comme dans *chérie* ; tandis que **e** se prononce *[è]* comme dans *chère*.

■ QUELQUES REMARQUES SUR LA MORPHOLOGIE

Ne vous laissez pas abuser par la représentation graphique des phonèmes (sons) suivants :

ii, **uu**, **ee**, **ée**, **oo**, **óo**, **aa**
bb, **cc**, **dd**, **gg**, **jj**, **kk**, **ll**, **mm**, **nn**, **ññ**, **ŋŋ**, **pp**, **rr**, **tt**, **ww**, **yy**
mb, **mp**, **nc**, **nd**, **ng**, **nj**, **nk**, **nq**, **nt**, **nx**

Chacun de ces phonèmes est écrit avec deux caractères mais ne les lisez pas comme s'il était question d'une lettre répétée ou de deux lettres distinctes. Dites-vous qu'on ne produit qu'un seul phonème (son) en lisant la suite de consonnes **gn** qu'on trouve dans le mot *campagne* en français ; qu'on ne lit pas séparément **g** puis **n** comme on le ferait avec la suite de consonnes *gm* dans le mot *dogme*. De même, en wolof, il ne s'agira chaque fois que d'une seule entité.

■ REPRÉSENTATIONS GRAPHIQUES DES PHONÈMES WOLOF ET LEURS PRONONCIATIONS

Graphie	Se prononce	Comme en français dans	Exemple
ii	*[i]* long	*lire*	**fiir** *être jaloux*
uu	*[ou]* long	*jour*	**tuur** *verser*
ee	*[ai]* long	*lait*	**ree** *rire*
ée	*[é]* long	*chéri*	**yéem** *émerveiller*
oo	*[o]* long	*or*	**woor** *jeûner*
óo	*[au]* long	*gnôle*	**dóor** *battre*
aa	*[a]* long	*bal*	**laal** *toucher*

à	[a] long	lame	dàll chaussure
nn	les n solidaires	comme dans la suite des mots donne-nous…	donn hériter
bb	comme si après avoir commencé la consonne, on la bloquait pour la relâcher		ubbi ouvrir
cc			nàcc saigner
dd			tudd s'appeler
gg			togg cuisiner
jj			gajj griffer
kk			lekk manger
ll			gall régurgiter
mm			damm fracturer, casser
ññ			gaññ grimacer
ŋŋ			fàŋŋ être bien visible
pp			napp pêcher
rr			xërr jeter violemment
tt			bett surprendre
ww			yewwi délier
yy			bàyyi laisser

mb			sómbi riz au lait
mp			jamp urgent
nc			denc garder
nd			yendu passer la journée
ng			sangu se baigner
nj			jànj termitière ; fourmilière
nk			tank jambe ; pied
nq			janq fille
nt			sant patronyme
nx			manx aspirer

Il y a souvent une agglutination, parfois insidieuse dans les mots :
Boo gisee Usmaan *Quand tu auras vu Ousmane.*
boo > **bu** (*quand*) + **nga** (*tu*)
gisee > **gis** (*voir*) + **-ee** (marque d'antériorité)

Quand 2 voyelles (attention ! pas 2 lettres) doivent se rencontrer au niveau d'un mot, il y a deux possibilités :
- fusion des voyelles (coalescence) : **noyyee caaxoñ** *respirer par les branchies* (**noyyi + e**),
- consonne tampon (épenthèse) : **nuyuji** *aller saluer* (**nuyu-i**).
On écrit **à** au lieu de **aa** :
- devant une consonne géminée (**aabb** devient **àbb** *emprunter*),
- devant une consonne prénasale (**aand** devient **ànd** *aller ensemble*).

Quelques remarques sur la morphosyntaxe.
La présence de 2 voyelles à la rencontre de deux mots peut entraîner :
- l'effacement de la voyelle initiale du deuxième mot : **say doom** (**sa ay doom**) *tes enfants*,
- la fusion de voyelles (coalescence) : **Faatoo ko def** (**Faatu a ko def**) *C'est Fatou qui l'a fait*.
Une consonne finale d'un mot peut être le résidu du mot monosyllabique ayant perdu sa voyelle finale : **Lim def** (**li mu def**) *Ce qu'il/elle a fait*.
Un mot peut avoir perdu sa voyelle finale par amuïssement : **nan dem** (**nanu dem**) *partons*.

L'INTONATION EN WOLOF

En général, l'intonation est suggérée soit par la ponctuation (! ? . , ;) soit par un mot (**lan** *quoi*, **ñaata** *combien*, etc.) ou par les deux. Nous ne faisons pas cas de l'expression corporelle. Étant donné que la réalisation de l'intonation échappe à la représentation graphique, on a besoin de se fonder sur un modèle sonore. Aussi devrez-vous bien écouter les locuteurs quand ils parlent dans les dialogues enregistrés.
Devinette :
Un locuteur français et un locuteur wolof appellent Fatou.
L'un des deux a dit : **Faaatou !**
L'autre a dit : **Fatouuu !**
Question : Selon vous, qui dit quoi ?
Réponse : C'est le wolof qui dit **Faaatou !**
Les mélodies ne sont pas les mêmes :
Wolof : 1re syllabe longue et montante ; 2e syllabe brève et descendante.
Français : 1re syllabe brève et plate ; 2e syllabe longue et montante.

Autre cas :

Tandis que pour dire une phrase interrogative où il n'y a pas de mot interrogatif, le locuteur français va produire une mélodie montante à la dernière syllabe (*Tu as mangé ?*), le locuteur wolof va produire une mélodie descendante à la dernière syllabe (**Lekk nga ?**).

I. SALUTATIONS ET PREMIERS CONTACTS

II. LA VIE QUOTIDIENNE

1. SALUTATIONS — 21
2. SE RENCONTRER — 29
3. PRENDRE CONGÉ — 37
4. DÉMARCHES ADMINISTRATIVES — 45
5. MA FAMILLE — 53
6. DANS UNE USINE — 61
7. PREMIER CONTACT TÉLÉPHONIQUE — 69
8. PREMIER RENDEZ-VOUS — 77

9. À LA RECHERCHE D'UN LOGEMENT — 87
10. AU TRAVAIL — 95
11. UN ENTRETIEN PROFESSIONNEL — 103
12. LE QUOTIDIEN — 111
13. LES TÂCHES MÉNAGÈRES — 119
14. MEUBLER SON LOGEMENT — 127
15. LANCER UNE INVITATION — 135

III.
EN VILLE

16.
S'ORIENTER EN VILLE   145

17.
EN VILLE   153

18.
CIRCULATION EN VILLE   161

19.
LES COURSES   169

20.
UN GRAND MAGASIN   177

21.
À LA MAIRIE   185

22.
CHEZ LE MÉDECIN   193

23.
MONUMENTS ET LIEUX
TOURISTIQUES   201

IV.
LES LOISIRS

24.
LES LOISIRS   211

25.
ORGANISER UN VOYAGE   217

26.
À L'HÔTEL   223

27.
SORTIR   231

28.
AU RESTAURANT   237

29.
PROJETS DE VACANCES   243

30.
DÉPART EN VACANCES   251

I

SALUTATIONS

ET

PREMIERS

CONTACTS

1. SALUTATIONS
NUYU

OBJECTIFS	NOTIONS
• SALUER LE MATIN • SE PRÉSENTER • ÉCHANGER DES POLITESSES	• ABSENCE DE VOUVOIEMENT • CONSTRUIRE UNE PHRASE • INSISTER SUR UN COMPLÉMENT • INSISTER SUR LE VERBE • CONJUGAISON

SALUER LE MATIN

Rama et Birama reçoivent Atoumane et Sokhna en vacances. Le lendemain matin …

Scène I : Rama salue Atoumane, puis, elle salue Sokhna.

Rama Ndiaye : Atou ! Guéye !

Atoumane Guéye : Rama ! Ndiaye !

Rama Ndiaye : As-tu passé la nuit en paix *(en paix tu as passé la nuit)* ?

Atoumane Guéye : Paix seulement, Ndiaye !

Rama Ndiaye : Est-ce que tu as dormi ?

Atoumane Guéye : Oui ! Oui ! J'ai dormi, assurément.

Rama Ndiaye : Sokhna ! Diop !

Sokhna Diop : Ndiaye !

Rama Ndiaye : Diop !

Sokhna Diop : Ndiaye !

Rama Ndiaye : Diop ! As-tu passé la nuit en paix ?

Sokhna Diop : Paix seulement, Ndiaye !

Scène II : arrive alors Birama qui salue Atoumane et Sokhna.

Birama Niang : Atou ! Guéye !

Atoumane Guéye : Niang !

Birama Niang : Sokhna ! Diop !

Sokhna Diop : Niang !

Birama Niang : Avez-vous passé la nuit en paix ?

Atoumane Guéye : Paix seulement, Niang !

Sokhna Diop : Paix seulement, assurément, Niang !

NUYU SUBA

Rama Njaay : Aatu ! Géy !

Aatumaan Géy : Rama ! Njaay !

Rama Njaay : Jàmm nga fanaan ?

Aatumaan Géy : Jàmm rekk, Njaay !

Rama Njaay : Mbaa nelaw nga ?

Aatumaan Géy : Waaw ! Waaw ! Nelaw naa kay.

Rama Njaay : Soxna ! Jóob !

Soxna Jóob : Njaay !

Rama Njaay : Jóob !

Soxna Jóob : Njaay !

Rama Njaay : Jóob ! Jàmm nga fanaan ?

Soxna Jóob : Jàmm rekk, Njaay !

Biraama Ñaŋ : Aatu ! Géy !

Aatumaan Géy : Ñaŋ !

Biraama Ñaŋ : Soxna ! Jóob !

Soxna Jóob : Ñaŋ !

Biraama Ñaŋ : Jàmm ngeen fanaan ?

Aatumaan Géy : Jàmm rekk, Ñaŋ !

Soxna Jóob : Jàmm rekk, kay, Ñaŋ !

■ COMPRENDRE LE DIALOGUE
SALUER LE MATIN

→ Contrairement à ce qui se passe dans d'autres milieux culturels, la salutation n'est pas explicitement un souhait comme "Bonjour !", "Gutentag !" ou "Good afternoon !" En milieu wolof, et sénégalais en général, votre interlocuteur se souciera à priori de savoir comment la nuit s'est passée pour vous : **Jàmm nga fanaan** (litt. "paix tu passer_la_nuit"). La liaison de mots par des "tirets du bas" montre qu'ils forment ensemble une seule entité. Ainsi : "*passer_ la_ nuit*" = **fanaan**.

SE PRÉSENTER

→ Lors des salutations, dire le patronyme de l'interlocuteur est une marque de politesse et de considération ; une façon de présenter ses hommages. Ainsi, dans la première phrase, Rama s'adressant à Atou (diminutif d'Atoumane) ajoute son patronyme : **Guéye !**
Parfois l'échange de patronymes est répété avant de passer à autre chose, comme à la fin de la première scène.

ÉCHANGE DE POLITESSE

→ Votre interlocuteur, en vous demandant si vous avez passé la nuit en paix, souhaite que votre réponse soit positive. C'est ce qui justifie l'emploi de **mbaa** *est-ce que* qui sous-entend *espérer que*. Donc, il y a le sens *(est-ce que)* et implicitement la signification *(j'espère que)*.

◆ GRAMMAIRE
L'ABSENCE DE VOUVOIEMENT

À la troisième ligne du dialogue, Rama Ndiaye dit à Atoumane Guèye **Jàmm nga fanaan** ; **nga** est le pronom de la 2e personne du singulier, quel que soit le rang social de la personne. Il n'y a donc pas de vouvoiement de politesse en wolof, il en est en de même en anglais par exemple.
Pour marquer le pluriel, on utilise le pronom **ngeen**. C'est ce que l'on voit dans la dernière phrase de Biraama Ñaŋ à la fin du dialogue : **Jàmm ngeen fanaan ?**
Retenez, les pronoms personnels sont : **ma** *je*, **nga** *tu*, **mu** *il/elle*, **nu** *nous*, **ngeen** *vous*, **ñu** *ils/elles*.

2.2 MISE EN RELIEF DU COMPLÉMENT (C)

Ce complément est placé en tête d'énoncé, suivi du mot **la** (C) que l'on peut traduire par *c'est ... que ...* ; ensuite vient le sujet (S), puis le verbe (V).

C la	S	V	Phrase finale
Jàmm la	**Aatumaan**	**fanaan**	**Jàmm la Aatumaan fanaan.**
C'est paix que	*Atoumane*	*passer_ la_ nuit*	*C'est en paix qu'Atoumane a passé la nuit.*

Attention ! Cela se passe autrement quand le sujet est un pronom.
Selon que le sujet est 1re, 2e ou 3e personne, le **la** s'efface ou s'attache à ce sujet pronominal pour ensemble former une "conjugaison" (voyez le tableau de conjugaison ci-après).
Vous constaterez alors que l'ordre indiqué ci-dessus est préservé : C + **la** _ S + V.

MISE EN RELIEF DU VERBE (V)

Il est placé en tête d'énoncé, suivi du mot **na**. Ce **na** s'écrit attaché au sujet grammatical qui est toujours un pronom (P). Puis, éventuellement, vient le reste, adverbe (ADV), compléments.

V **na**	S	ADV et/ou C	Phrase finale
nelaw na	**nu**		**Nelaw nanu.**
avoir dormi	*nous*		*Nous avons dormi.*
sonn na	**nu**		**Sonn nanu.**
être_ fatigué	*nous*		*Nous sommes fatigués.*

Si en plus du sujet grammatical, il y a un nom ou pronom (moi, toi, lui, elle, nous, vous, eux, elles) auquel renvoie ce sujet grammatical, ce nom (ou pronom) doit alors être placé avant la proposition.

S	V + P		Phrase finale
xale yi	**nelaw na**	**ñu**	**Xale yi, nelaw nañu.**
enfant les	*avoir dormi*	*ils*	*Les enfants (ils) ont dormi.*
man	**nelaw na**	**a**	**Man, nelaw naa.**
moi	*avoir dormi*	*je*	*Moi, j'ai dormi.*

▲ CONJUGAISON

MISE EN RELIEF DU COMPLÉMENT

Singulier	Structure	Mot à mot	Phrase finale
1re pers.	C la S V	Jàmm la ma fanaan	Jàmm laa fanaan.
2e pers.	C la S V	Jàmm la nga fanaan	Jàmm nga fanaan.
3e pers.	C la S V	Jàmm la mu fanaan	Jàmm la fanaan.

Pluriel	Structure	Mot à mot	Phrase finale
1re pers.	C la S V	Jàmm la nu fanaan	Jàmm lanu fanaan.
2e pers.	C la S V	Jàmm la ngeen fanaan	Jàmm ngeen fanaan.
3e pers.	C la S V	Jàmm la ñu fanaan	Jàmm lañu fanaan.

Vous avez remarqué que dans la phrase finale :
- la consonne **m** de la 1re pers. du singulier s'efface devant le **la**,
- en présence de la 2e pers. c'est le **la** qui s'efface,
- le pronom de la 3e pers. du singulier **mu** s'efface devant le **la**.

MISE EN RELIEF DU VERBE (V)

Singulier	Structure	Mot à mot	Phrase finale
1re pers.	V na S (C)	nelaw na ma	Nelaw naa.
2e pers.	V na S (C)	nelaw na nga	Nelaw nga.
3e pers.	V na S (C)	nelaw na mu	Nelaw na.

Pluriel	Structure	Mot à mot	Phrase finale
1re pers.	V na S (C)	nelaw na nu	Nelaw nanu.
2e pers.	V na S (C)	nelaw na ngeen	Nelaw ngeen.
3e pers.	V na S (C)	nelaw na ñu	Nelaw nañu.

VOCABULAIRE

Les mots sont présentés dans leur ordre d'apparition :
nuyu *saluer*
suba *le matin*
jàmm *paix*
nga *tu*
fanaan *passer la nuit*
rekk *seulement*
mbaa *est-ce que*
nelaw *dormir*
waaw *oui* (d'affirmation)
kay *assurément*
ngeen *vous*

Vous avez remarqué que dans la phrase finale :
- la consonne **m** de la 1re pers. du singulier s'efface devant le **na**,
- en présence de la 2e pers. c'est le **na** qui s'efface,
- le pronom de la 3e pers. du singulier s'efface devant le **na**.

🔺 EXERCICES

Pour les exercices enregistrés, signalés par le pictogramme , *vous devrez dans certains cas faire d'abord votre exercice et vérifier ensuite vos réponses à l'aide de l'audio, dans d'autres cas vous devrez d'abord écouter l'audio pour pouvoir répondre correctement aux questions. Toutes les réponses sont données dans la partie "Corrigés" en fin d'ouvrage.*

1. ÉCOUTEZ CHAQUE PHRASE EN FAISANT ATTENTION À L'INTONATION, PUIS RÉPÉTEZ-LA.

a. Jàmm nga fanaan ?

b. Mbaa nelaw nga ?

c. Rama, nuyu na Aatu ?

d. Mbaa Rama, nuyu na Soxna ?

2. ÉCOUTEZ ET ÉCRIVEZ LES RÉPONSES AUX QUESTIONS.

a. Jàmm nga fanaan ?

b. Mbaa nelaw nga ?

c. Jàmm ngeen fanaan ?

3. RAYEZ LE MOT EN TROP DANS CHACUNE DE CES PHRASES.

a. Jàmm nga gi fanaan ?

b. Mbaa nelaw jàmm ngeen fanaan ?

c. Jàmm nelaw rekk, kay.

4. COMPLÉTEZ LES PHRASES.

a. Jàmm .... fanaan ?

b. Waaw, ... naa kay.

c. .... nelaw nga ?

2. SE RENCONTRER
DAJE

OBJECTIFS	NOTIONS
• SALUER UN AMI	• PRÉPOSITION *CI*
• PRÉSENTER QUELQU'UN	• L'ARTICLE DÉFINI "LE"/"LA"
• QUESTIONNER SON INTERLOCUTEUR	• PRÉSENTATIF ("VOICI"/"VOILÀ")
	• EXPLIQUER

UNE RENCONTRE

Dans l'après-midi, Rama présente Sokhna à son voisin, Mor Seck.

Rama : Mor ! Seck.

Mor : Ah ! Ndiaye-Diata-Ndiaye.

Rama : Seck. As-tu passé la journée en paix *(en paix tu as passé la journée)* ?

Mor : En paix seulement, Ndiaye. Comment va la famille *(comment gens de la maison)* ?

Rama : Ça va *(ils voilà là-bas)*. Comment va la famille ?

Mor : Ça va *(ils voici ici)*. Tu as une invitée ?

Rama : Oui ! Sokhna, je te présente mon frère *(viens saluer mon frère)* !

Sokhna : Le nom ?

Mor : C'est Seck.

Sokhna : Seck-Singa-Naar.

Mor : Le nom ?

Sokhna : C'est Diop.

Mor : Dioba-Diouba.

Sokhna : Seck.

Mor : Vous êtes d'où *(parents d'où)* ?

Sokhna : Moi, je suis de Bambey *(je suis gens de Bambey)*.

Mor : Soyez la bienvenue *(posez-vous en paix)* !

AB NDAJE

03

Rama : Moor ! Sekk.

Moor : Aa ! Njaay-Jaata-Njaay.

Rama : Sekk. Jàmm nga yendu ?

Moor : Jàmm rekk, Njaay. Naka waa kër ga ?

Rama : Ñu nga fa. Naka waa kër gi ?

Moor : Ñu ngi fi. Danga am gan ?

Rama : Waaw ! Soxna, kaay nuyu sama càmmeñ !

Soxna : Sant wi ?

Moor : Sekk la.

Soxna : Sekk-Singa-Naar.

Moor : Sant wi ?

Soxna : Jóob la.

Moor : Jóoba-jubba.

Soxna : Sekk.

Moor : Mbokki fan ?

Soxna : Man, waa Bàmbey laa.

Moor : Dalal ak jàmm !

COMPRENDRE LE DIALOGUE

SALUER UN AMI

→ Dans la première leçon, vous avez vu que le nom de famille de Rama est Njaay. Par politesse, pour saluer une personne dont le patronyme est Njaay, on peut lui dire **Njaay-Jaata-Njaay**. Njaay, à priori, est un patronyme wolof. Dans l'ethnie **joola** (diola) dans la région de la Casamance, Njaay est l'équivalent du patronyme Jaata (Diatta). Njaay et Jaata sont des **gàmmu** (lire *[gammou]*), c'est-à-dire qu'ils entretiennent des relations de cousinage à plaisanterie comme cela se passe entre Français et Belges. C'est un pacte ancestral, gage de bonnes relations.

→ De même, à une personne dont le patronyme est Jóob, on dit **Jóoba-jubba** ; une contraction de **Jóob ak jubbam Diop** *avec ses touffes de cheveux*. Une coupe de cheveux était un signe distinctif de tel ou tel groupe ou clan. Changer sa coupe reviendrait à effacer son identité.

→ À une personne dont le patronyme est Sekk, **Sekk-singa-naarnaar** ou encore **Sekk-Bunaama-Yaasin** selon l'appartenance à telle ou telle famille d'origine ; à une personne dont le patronyme est Juuf, **Juuf-Ñoxobaay** ; etc.

PRÉSENTER QUELQU'UN

→ Pour présenter Soxna à Moor, Rama lui dit **Soxna, kaay nuyu sama càmmeñ !** *Sokhna, je te présente mon frère !* Cela sous-entend que Moor aurait un rang supérieur par rapport à Soxna. Ceci peut être dû à son âge ou à son rang social. À rang égal, elle aurait dit **Sokhna, nuyool ak sama càmmeñ !** (litt. "Sokhna, salue-toi avec mon frère").

→ Par ailleurs, Mor n'est que le voisin de Rama mais celle-ci le présente comme étant son *frère* (**càmmeñ**). L'usage voudrait que vous appeliez *frère* ou *sœur* toute personne ayant à peu près votre âge ; de même que vous appelleriez *père* ou *mère* toute personne de l'âge de vos propres parents ; ou *grand-père* et *grand-mère* toute personne de l'âge de vos propres grands-parents.

QUESTIONNER SON INTERLOCUTEUR

→ Dans la dernière partie de la conversation, Moor demande à Soxna **Mbokki fan ?** littéralement "Parents d'où ?", de manière plus large cela signifie *Tu es originaire d'où ?* ; ce faisant, le locuteur tente une recherche de liens, affinités parentales, géographiques ou autres.

SPÉCIFICITÉ LINGUISTIQUE

→ Lors des présentations, Rama dit à Soxna **[…] kaay nuyu sama càmmiñ !** Seule une femme utilise le terme **càmmiñ** pour faire référence à son frère ou à une personne ayant l'âge de son frère.

◆ GRAMMAIRE
LA PRÉPOSITION *CI*

La préposition **ci** dans le titre **Nuyu ci bëccëg bi** signifie *pendant*. Plus tard, vous verrez que dans d'autres contextes, elle peut avoir le sens de *pour*, *en*, *avec*, *à*, *vers*, *par*.

L'ARTICLE DÉFINI

La traduction courante du titre **Nuyu ci bëccëg bi** est *Saluer pendant la journée* alors que la traduction littérale est "Saluer pendant journée la".

L'article défini wolof est formé d'une consonne qui indique la classe (ou groupe) du nom et d'une voyelle. Ces consonnes de classes, au nombre de 8 au singulier et de 2 au pluriel sont les groupes (ou classes) dans lesquels se répartissent les noms. Des noms identiques se distingueront par leur groupe (ou classe) d'appartenance. Par exemple, **garab** (*arbre*) en groupe **g** se distinguera de **garab** (*médicament*) en groupe **b**.
L'article défini wolof a 3 caractéristiques :
• il se place après le nom : **bëccëg bi** *la journée*,
• il varie en fonction du nom : **bëccëg bi** ; **kër gi** *la maison*,
• il véhicule les notions de proximité ou de distance : **kër gi** *la maison* (proche) ; **kër ga** *la maison* (distant).
bi, **gi**, **ji**, **ki**, **li**, **mi**, **si**, **wi** au singulier, **yi** et **ñi** au pluriel, pour quelque chose de proche.
ba, **ga**, **ja**, **ka**, **la**, **ma**, **sa**, **wa** au singulier, **ya** et **ña** au pluriel, pour quelque chose de distant.
La forme la plus employée est **bi**. Avec la pratique, vous arriverez à mémoriser la forme de l'article pour chaque mot.
En cas de doute, vous pouvez vous servir de **bi** sans oublier que cela reste une solution de facilité.

LE PRÉSENTATIF : LA FORME EN *A NGI/A NGA*

Voici Mor se dit **Moor a ngi** ; *Voilà Mor* se dit **Moor a nga**.
L'opposition **i** (proche) / **a** (distant) expliqué pour l'article défini s'applique à **a ng-**, dans ce cas de figure, il n'y a pas de verbe explicité.

Mais *je suis assis* (litt. "me voici assis") se dit **maa ngi toog**. Voir le tableau ci-dessous pour la conjugaison complète.

EXPLICATIF -*DAFA*

Pour se faire expliquer la situation, la présence de Soxna en l'occurrence, Mor emploie la forme en **dafa** qui donne à un énoncé une valeur explicative : **Danga am gan ?** Alors, Rama doit l'interpréter comme signifiant littéralement "Le fait est-il que tu as un hôte ?". En principe, elle devrait répondre avec la même forme : **Dama am gan** *Le fait est que j'ai un hôte ?*

Dans la forme en **dafa**, **fa** n'apparaît qu'à la 3ᵉ pers. du singulier.

Vous connaissez les pronoms personnels : **ma**, **nga**, **mu**, **nu**, **ngeen**, **ñu** ? (cf. module 1).

 CONJUGAISON

LE PRÉSENTATIF (*A NGI/A NGA*)

Singulier	Structure	Mot à mot	Phrase finale
1ʳᵉ pers.	S a ngi V	ma a ngi toog	**Maa ngi toog.** *Je suis assis.*
2ᵉ pers.	S a ngi V	ya a ngi toog	**Yaa ngi toog.** *Tu es assis.*
3ᵉ pers.	S a ngi V	mu a ngi toog	**Moo ngi toog.** *Il/Elle est assis(e).*

Pluriel	Structure	Mot à mot	Phrase finale
1ʳᵉ pers.	S a ngi V	nu a ngi toog	**Noo ngi toog.** *Nous sommes assis.*
2ᵉ pers.	S a ngi V	yeen a ngi toog	**Yeena ngi toog.** *Vous êtes assis.*
3ᵉ pers.	S a ngi V	ñu a ngi toog	**Ñoo ngi toog.** *Ils/Elles sont assis(es).*

Remarquez que :
- La 2ᵉ pers. **nga/ngeen** change en **ya/yeen**.
- Quand la voyelle **u** de **mu**, **nu**, **ñu** rencontre la voyelle **a** du présentatif **a ng-**, la fusion donne **-oo** :
    - **mu a ngi** s'écrit **moo ngi** (mais devient **mu ngi** dans la pratique courante),
    - **nu a ngi** s'écrit **noo ngi** (mais devient **nu ngi** dans la pratique courante),
    - **ñu a ngi** s'écrit **ñoo ngi** (mais devient **ñu ngi** dans la pratique courante).

VOCABULAIRE

yendu *passer la journée*
naka *comment*
waa *individu de, gens de*
kër *maison*
am *avoir*
gan *invité, étranger, visiteur, hôte*
kaay *viens*
sama *mon, ma*
càmmeñ *frère*
sant *nom, patronyme*
mbokk *parent* (sens large)
fan *où*
dal *se poser*
ak *en, avec*

L'EXPLICATIF (DAFA)

Singulier	Structure	Mot à mot	Phrase finale
1re pers.	**da** S V C	da ma am gan	Dama am gan.
2e pers.	**da** S V C	da nga am gan	Danga am gan.
3e pers.	**dafa** S V C	dafa mu am gan	Dafa am gan.

Pluriel	Structure	Mot à mot	Phrase finale
1re pers.	**da** S V C	da nu am gan	Danu am gan.
2e pers.	**da** S V C	da ngeen am gan	Dangeen am gan.
3e pers.	**da** S V C	da ñu am gan	Dañu am gan.

Vous retiendrez :
- **fa** disparaît à toutes les personnes, sauf à la 3e pers. du singulier,
- à la 3e pers. du singulier, **dafa** apparaît et c'est le pronom **mu** qui disparaît,
- **da** est attaché au pronom sujet.

▲ EXERCICES

1. ÉCOUTEZ CHAQUE PHRASE EN FAISANT ATTENTION À L'INTONATION, PUIS RÉPÉTEZ-LA.
a. Jàmm nga yendu ?
b. Danga am gan ?
c. Naka waa kër ga ?
d. Mbokki fan ?

2. ÉCOUTEZ ET ÉCRIVEZ LES RÉPONSES AUX QUESTIONS.
a. Jàmm nga yendu ?
b. Naka waa kër ga ?
c. Naka waa kër gi ?

3. RAYEZ LE MOT EN TROP DANS CHACUNE DE CES PHRASES.
a. Danga am gan gi ?
b. Kaay nuyu sama cammeñ ma !
c. Man, waa Bàmbey laa na.

4. COMPLÉTEZ LES PHRASES.
a. Jàmm nga .... ?
b. Mbokki .... ?
c. .... ak jàmm !

2. Se rencontrer

3.
PRENDRE CONGÉ

TÀGGOO

OBJECTIFS	NOTIONS
• FAIRE CONNAISSANCE	• L'IMPÉRATIF
• PRENDRE CONGÉ	• NOTION DE RÉCIPROCITÉ
• SE REVOIR	• L'INACCOMPLI
	• LE FUTUR

PRENDRE CONGÉ

Le soir, Rama est allée présenter Sokhna à Omar Ngom, un ami d'enfance.

Rama : Toc ! Toc ! Toc !

Omar : Tiens, Rama ! Comment vas-tu *(comment tu as fait)* ?

Rama : Dieu merci *(remercier Dieu)*. Je te présente mon invitée *(salue mon hôte)*.

Omar : Le nom ?

Soxna : C'est Diop.

Omar : Diop. C'est Ngom.

Soxna : Ngom.

Omar : Enchanté *(j'ai de la joie à se connaître)*.

Soxna : Enchantée *(moi aussi)*.

Rama : Où est ton épouse ?

Omar : Elle prie. Prenez place *(asseyez-vous)* !

Rama : Je présente Sokhna aux gens du quartier *(je montre_ entre_ eux Sokhna et gens du quartier)*.

Omar : C'est une bonne idée *(l'idée est belle)*.

Rama : *[c'est]* Bien, nous partons.

Omar : Alors, à la prochaine *(alors, jusqu'à une autre)* ?

Soxna : À la prochaine dans la paix *(jusqu'à une autre dans la paix)*.

Rama : Dis à ton épouse que je la salue *(dis à ton épouse je la salue)* !

Omar : Je n'y manquerai pas *(elle l'entendra)*.

TÀGGOO

Rama : Koŋ ! koŋ !

Omar : Ee ! Rama ! Na nga def ?

Rama : Sant Yàlla. Nuyul sama gan gi !

Omar : Sant wi ?

Soxna : Jóob la.

Omar : Jóob. Ngom la.

Soxna : Ngom.

Omar : Am naa mbégte ci xamante bi.

Soxna : Man itam.

Rama : Ana sa jabar ?

Omar : Dafay julli. Toogleen !

Rama : Damay wonale Soxna ak waa gox bi.

Omar : Xalaat bi rafet na.

Rama : Baax na, ñu ngiy dem.

Omar : Kon, ba beneen ?

Soxna : Ba beneen ci jàmm.

Rama : Waxal sa jabar maa ngi koy nuyu !

Omar : Dina ko dégg.

■ COMPRENDRE LE DIALOGUE
DE NOUVELLES RENCONCONTRES

→ Vous l'avez remarqué, Rama et Omar n'ont pas échangé leurs patronymes. Leur amitié de longue date le leur permet.
À tout seigneur, tout honneur. Pour faire la présentation entre Sokhna et Omar, Rama dit à Omar *"Salue mon invitée"*. Signe de l'égard particulier accordé à l'invitée, le personnage principal ici.

→ Un dicton wolof **Dëkkandoo, jàmm a ci gën** dit *Il faut entretenir de bonnes relations avec les voisins*. Rama ne manque pas à la tradition d'aller chez les voisins pour présenter son hôte. En milieu urbain, c'est une pratique oubliée.

PRENDRE CONGÉ

L'échange entre Omar **Kon, ba beneen ?** et Rama **Ba beneen ci jàmm** est conforme au bon usage. Ce faisant, Rama souhaite revoir son ami dans des circonstances de paix, de joie et de bonheur.

SPÉCIFICITÉ LINGUISTIQUE

→ Quand Rama dit à Omar **Waxal sa jabar maa ngi koy nuyu !** *Dis à ton épouse que je la salue !*, Omar répond **Dina ko dégg** (litt. "Elle l'entendra") quand en français on dirait *Je n'y manquerai pas*.

→ De même, quand Omar dit **Xalaat bi rafet na** (litt. "L'idée est belle"), on dirait en français *C'est une bonne idée*.

◆ GRAMMAIRE
L'IMPÉRATIF

L'impératif ne s'emploie qu'à la deuxième personne du singulier et du pluriel en wolof.
Au singulier, il faut envisager trois possibilités :
• le verbe finit par une consonne, on lui ajoute **-al** (**lekk** *manger* > **lekkal** *mange*),
• le verbe finit par une voyelle longue ou par **-i** ou **-u**, on lui ajoute **-l** (**nuyu** *saluer* > **nuyul** *salue*),
• le verbe finit par une voyelle autre que **-i** et **-u**, on allonge la voyelle avant d'ajouter **-l**. Exemple : **bëre** *lutter* > **bëreel** *lutte* ; **saaga** *insulter* > **saagaal** *insulte* ; **ngoro** *se lier d'amour* > **ngorool** *lie-toi d'amour*.

Au pluriel, quel que soit le verbe, il faut ajouter le suffixe **-leen**. Exemple : **nuyu** *saluer* > **nuyuleen** *saluez* ; **lekk** *manger* > **lekkleen** *mangez*.

LE SUFFIXE DE RÉCIPROCITÉ *-ANTE*

On exprime la réciprocité en ajoutant **-ante** au verbe (**xam** *connaître* ; **xamante** *se connaître l'un l'autre*). Ainsi, dans ce dialogue, Omar dit à Sokhna **Am naa mbégte ci xamante bi** (litt. "J'ai de la joie que nous ayons fait connaissance l'un l'autre") *Enchanté*.

L'INACCOMPLI -Y

Rama demande à Omar **Ana sa jabar ?** *Où est ton épouse ?* celui-ci lui répond **Dafay julli** *Elle est en train de prier*.
La valeur du présent continu *en train de* est exprimée par **-y**. En supprimant **-y**, l'énoncé signifierait *Elle a prié* c'est-à-dire que l'action serait à la forme accomplie.
D'autres occurrences dans le dialogue : Rama dit **Damay wonale Soxna ak waa gox bi** (litt. "Je suis en train de présenter Sokhna aux gens du quartier"). À l'accompli (sans **-y**), *J'ai présenté Sokhna aux gens du quartier*.
- Rama : **Baax na, ñu ngiy dem** (litt. "C'est bien, nous partons"). À l'accompli, *C'est bien, nous sommes partis*.
- Rama : **Waxal sa jabar maa ngi koy nuyu !** (litt. "Dis à ton épouse je la salue").
À l'accompli, *Je l'ai salué*e.

LE FUTUR EN *DINA*

Quand à la fin du dialogue Omar répond à Rama **Dina ko dégg**, cela signifie littéralement "Elle l'entendra".

dina est la principale forme pour exprimer une action au futur.

 CONJUGAISON

LE FUTUR

Singulier	Structure	Mot à mot	Phrase finale
1ʳᵉ pers.	**dina** S V	dina ma dégg	Dinaa dégg.
2ᵉ pers.	**dina** S V	dina nga dégg	Dinga dégg.
3ᵉ pers.	**dina** S V	dina mu dégg	Dina dégg.

Pluriel	Structure	Mot à mot	Phrase finale
1re pers.	**dina** S V	**dina nu dégg**	**Dinanu dégg.**
2e pers.	**dina** S V	**dina ngeen dégg**	**Dingeen dégg.**
3e pers.	**dina** S V	**dina ñu dégg**	**Dinañu dégg.**

Vous avez remarqué que dans la phrase finale :

- la consonne **m** de la 1re personne du singulier s'efface devant **dina**,
- en présence de la 2e personne, c'est le **na** qui s'efface,
- le pronom **mu** de la 3e personne du singulier s'efface devant **dina**.

▲ EXERCICES

1. ÉCOUTEZ ET ÉCRIVEZ LES RÉPONSES AUX QUESTIONS.

a. Rama ! Na nga def ?

b. Ana sa jabar ?

c. Kon, ba beneen ?

2. RAYEZ LE MOT EN TROP DANS CHACUNE DE CES PHRASES.

a. Nuyul sant sama gan gi !

b. Am naa julli mbégte ci xamante bi.

c. Ba beneen ci jàmm dégg.

3. COMPLÉTEZ LES PHRASES.

a. Damay .... Soxna ak waa gox bi.

b. Nuyul .... gan gi !

c. .... sa jabar maa ngi koy nuyu !

4. ÉCOUTEZ CHAQUE PHRASE EN FAISANT ATTENTION À L'INTONATION, PUIS RÉPÉTEZ-LA.

a. Soxna, kaay nuyu sama càmmeñ !

b. Sant wi ?

c. Ana sa jabar ?

d. Kon, ba beneen ?

● VOCABULAIRE

koŋ koŋ *toc toc*
ee ! *tiens !, eh !*
sant *remercier*
Yàlla *Dieu*
mbégte *joie*
xam *connaître, savoir*
itam *aussi* (variantes : **tam**, **it**, **tamit**)
ana ? *où est ?, où sont ?*
jabar *épouse*
julli *prier, prière*
toog *s'asseoir*
wonale *présenter, faire les présentations*
gox *quartier*
xalaat *pensée, idée, penser, réfléchir*
rafet *bon/ne, beau/belle*
dem *partir, aller, se passer (événement)*
kon *alors*
ba *jusque*
beneen *autre*
wax *dire, parler*
ko *lui*
dégg *entendre*

4. DÉMARCHES ADMINISTRATIVES

TOPPATOO AY KAYIT

OBJECTIFS

- EFFECTUER DES DÉMARCHES ADMINISTRATIVES
- PARLER DE SA SITUATION PERSONNELLE

NOTIONS

- LA PRÉPOSITION *CI* (SUITE)
- LE CONNECTIF *-U*
- L'ARTICLE INDÉFINI
- LE PRONOM RELATIF
- LA NÉGATION

PARLER DE SA SITUATION PERSONNELLE

Bineta Juuf : La paix soit sur vous !

Lamin Faal : Et sur vous aussi !

Bineta Juuf : Où est le chef de quartier ?

Lamin Faal : Me voici.

Bineta Juuf : Je voudrais *(veux)* un certificat de résidence.

Lamin Faal : Où habitez-vous ?

Bineta Juuf : J'habite à Liberté VI ; à côté de la grande mosquée.

Lamin Faal : Comment vous appelez-vous ?

Bineta Juuf : Je m'appelle Bineta Diouf.

Lamin Faal : Avez-vous un époux ?

Bineta Juuf : J'ai un époux.

Lamin Faal : Avez-vous des enfants ?

Bineta Juuf : Nous avons deux bouts de bois ; un garçon et une fille.

Lamin Faal : Quel âge avez-vous *(combien d'années avez-vous)* ?

Bineta Juuf : J'ai trente ans.

Lamin Faal : Votre carte d'identité et votre facture d'électricité *(papier de courant)*.

Bineta Juuf : Les voici.

Lamin Faal : Merci. Vous travaillez ?

Bineta Juuf : Actuellement *(là où nous sommes)*, je ne travaille pas.

Lamin Faal : Avez-vous un métier ?

Bineta Juuf : Oui ! Je suis chauffeur de taxi *(c'est chauffeur de taxi que je suis)*.

05 — WAX CI YOW AK CI SA NJABOOT

Binta Juuf : Salaam aalekum !

Lamin Faal : Aalekum salaam !

Binta Juuf : Ana chef de quartier bi ?

Lamin Faal : Maa ngi.

Binta Juuf : Dama bëgg certificat de résidence.

Lamin Faal : Fan nga dëkk ?

Binta Juuf : Liberté VI laa dëkk ; ci wetu jumaa ji.

Lamin Faal : Naka nga tudd ?

Binta Juuf : Binta Juuf laa tudd.

Lamin Faal : Am nga jëkkër ?

Binta Juuf : Am naa jëkkër.

Lamin Faal : Am ngeen ay doom ?

Binta Juuf : Am nanu ñaari bant ; doom ju góor ak doom ju jigéen.

Lamin Faal : Ñaata at nga am ?

Binta Juuf : Am naa fanweeri at.

Lamin Faal : Sa dantite ak sa kayitu courant.

Binta Juuf : Ñu ngi.

Lamin Faal : Jërëjëf. Dangay liggéey ?

Binta Juuf : Fii ñu tollu, liggéeyuma.

Lamin Faal : Am nga métier ?

Binta Juuf : Waaw ! Sofooru taxi laa.

■ COMPRENDRE LE DIALOGUE
DÉMARCHES ADMINISTRATIVES

→ **Salaam aalekum** (litt. "Que la paix soit sur vous") et **Aalekum salaam** (litt. "Que la paix soit sur vous aussi") est un emprunt à la langue arabe assimilé par toutes les communautés linguistiques du Sénégal.

→ Dans chaque quartier en milieu urbain, il y a un chef de secteur qui, entre autres services, est habilité à délivrer un certificat de résidence aux habitants de son quartier.

PARLER DE SA SITUATION

→ Par susperstition, on évite de donner le nombre d'enfants par crainte d'en perdre un. Alors, certaines personnes disent **bant** (*bout de bois*) à la place du mot "enfant" pour conjurer le sort. Par exemple, je dirais **Am naa fukki bant** *J'ai dix bouts de bois* au lieu de **Am naa fukki doom**.

→ En wolof, le verbe **liggéey** recouvre le sens de *travailler*, *avoir un métier* et *avoir une profession*.

→ Notez la locution adverbiale **fii ñu tollu** *actuellement*.

▲ GRAMMAIRE
LA PRÉPOSITION *CI* (SUITE)

Dans le titre du module 2 **Nuyu ci bëccëg bi**, nous avions vu que la préposition **ci** signifiait *pendant* et qu'elle pouvait avoir le sens de : *pour*, *en*, *avec*, *vers*, *par*. Dans le titre, **Wax ci yow ak ci sa njaboot** elle signifie *de*. Dans la réplique **Liberté VI laa dëkk ; ci wetu jumaa ji** elle signifie *à*.

LE CONNECTIF *-U*

Dans la phrase **[...] ci wetu jumaa ji** le connectif **-u** sert à unir **wet**, *côté* et **jumaa**, *grande mosquée*. Il a la même fonction que les prépositions *de*, *en*, *à* en français lorsqu'elles servent à unir deux noms : *verre de thé*, *mur en béton*, *verre à vin*...

L'ARTICLE INDÉFINI *AY / I*

Dans **Am ngeen ay doom ?** (litt. "Avoir vous des enfants ?"), *Avez-vous des enfants ?* **ay** est l'article indéfini pluriel wolof valable pour tous les noms. Il a comme variante **i**. Ainsi, le locuteur aurait pu dire **Am ngeen i doom** *Avez-vous des enfants ?*
C'est cette variante qu'on trouve affixée dans les numéraux **ñaar** et **fanweer** dans les répliques **Am nanu ñaari bant** *Nous avons deux bouts de bois* (= deux enfants) et **Am naa fanweeri at** *J'ai trente ans*.

LE PRONOM RELATIF

Le pronom relatif se forme avec les mêmes consonnes que celles de l'article : **b-**, **g-**, **j-**, **k-**, **l**, **m**, **s-**, **w** au singulier, **y** et **ñ** au pluriel.

	L'article défini		Le pronom relatif	
Cons.	Proche (p) / Distant (d) /	Exemple	Proche (p) / Distant (d) / Indéterminé (ind)	Exemple
b	i/a	**xale bi/a** l'enfant (p/d)	i/a/u	**xale bi/a/u toog** l'enfant qui (p/d) est assis ; un enfant qui (ind) est assis
g		**golo gi/a** le singe (p/d)		**golo gi/a/u tëdd** le singe (p/d) qui est couché ; un singe qui (ind) est couché
j		**jigéen ji/a** la femme (p/d)		**jigéen ji/a/u toog** la femme qui (p/d) est assise ; une femme qui (ind) est assise
k		**nit ki/a** la personne (p/d)		**nit ki/a/u toog** la personne qui (p/d) est assise ; une personne qui (ind) est assise
l		**lëf li/a** la chose (p/d)		**lëf li/a/u togg** la chose qui (p/d) est cassée ; une chose (ind) qui est cassée
m		**meew mi/a** le lait (p/d)		**meew mi/a/u way** le lait qui (p/d) est caillé ; un lait qui (ind) est caillé
s		**suukar si/a** le sucre (p/d)		**suukar si/a/u mokk** le sucre qui (p/d) est moulu ; un sucre qui (ind) est moulu
w		**fas wi/a** le cheval (p/d)		**fas wi/a/u naan** le cheval qui (p/d) a bu ; un cheval qui (ind) a bu
y		**fas yi/a** les chevaux (p/d)		**fas yi/a/u naan** les chevaux qui (p/d) ont bu ; des chevaux qui (ind) ont bu
ñ		**nit ñi/a** les personnes (p/d)		**nit ñi/a/u toog** les personnes qui (p/d) sont assises ; des personnes qui (ind) sont assises

Il introduit aussi un adjectif qualificatif, c'est-à-dire un verbe d'état en wolof.

Notez qu'il peut être :
- défini proche : **bi**, **gi**, **ji**, **ki**, **li**, **mi**, **si**, **wi** au singulier, **yi** et **ñi** au pluriel,
- défini distant : **ba**, **ga**, **ja**, **ka**, **la**, **ma**, **sa**, **wa** au singulier, **ya** et **ña** au pluriel,
- indéfini : **bu**, **gu**, **ju**, **ku**, **lu**, **mu**, **su**, **wu** au singulier, **yu** et **ñu** au pluriel.

Usage du pronom relatif indéfini :
Doom ju góor ak doom ju jigéen *Un garçon et une fille*,
Doom ju góor (litt. "enfant qui (être) homme"),
Doom ju jigéen (litt. "enfant qui (être) femme").

LA NÉGATION

Quand Bineta dit **Fii ñu tollu, liggéeyuma** *Actuellement, je ne travaille pas*, **liggéeyuma** devrait être traduit au passé composé *Je n'ai pas travaillé* mais à cause de la locution **fii ñu tollu**, *actuellement*, il est traduit au présent de l'indicatif.

 CONJUGAISON

LA NÉGATION

Singulier	Structure	Mot à mot	Phrase finale
1re pers.	V négation S	**liggéey -ul ma**	**liggéeyuma**
2e pers.	V négation S	**liggéey -ul nga**	**liggéeyuloo**
3e pers.	V négation S	**liggéey -ul mu**	**liggéeyul**

Pluriel	Structure	Mot à mot	Phrase finale
1re pers.	V négation S	**liggéey -ul nu**	**liggéeyunu**
2e pers.	V négation S	**liggéey -ul ngeen**	**liggéeyuleen**
3e pers.	V négation S	**liggéey -ul ñu**	**liggéeyuñu**

Notez que :
- avec les pronoms **ma**, **loo**, **nu**, **leen**, **ñu** la marque de négation **-ul** perd sa consonne,
- le pronom **mu** de la 3e pers. sing s'efface.

● VOCABULAIRE

bëgg *vouloir*
dëkk *habiter*
wet *côté, à côté*
jumaa *grande mosquée*
tudd *s'appeler, se nommer*
jabar *épouse* ; **jëkkër** *époux*
ay *des*
doom *enfant*
ñaata *combien*
at *âge, année*
fanweer *trente*
dantite *carte d'identité*
kayit *papier*
jërëjëf *merci*
liggéey *travailler*
fii *ici, là*
tollu *arriver à un niveau, atteindre une mesure*
sofoor *chauffeur*

▲ EXERCICES

🔊 1. ÉCOUTEZ ET ÉCRIVEZ LES RÉPONSES AUX QUESTIONS.
05
a. Ana chef de quartier bi ?

b. Am nga jëkkër ?

c. Ñaata at nga am ?

2. RAYEZ LE MOT EN TROP DANS CHACUNE DE CES PHRASES.
a. Dama nga bëgg certificat de résidence.

b. Fan nga sama dëkk ?

c. Am ngeen ay doom bi ?

3. COMPLÉTEZ LES PHRASES.
a. Liberté VI laa dëkk ; ci .... jumaa ji.

b. Ñaata .... nga am ?

c. Fii ñu ...., liggéeyuma.

🔊 4. ÉCOUTEZ CHAQUE PHRASE EN FAISANT ATTENTION À L'INTONATION, PUIS RÉPÉTEZ-LA.
05
a. Am nga jëkkër ?

b. Am naa jëkkër.

c. Naka nga tudd ?

d. Dangay liggéey ?

5.
MA FAMILLE
SAMAY WAA KËR

OBJECTIFS	NOTIONS
• DÉSIGNER LES MEMBRES DE SA FAMILLE • DESCRIPTION PHYSIQUE ET MORALE	• LE POSSESSIF • LE DÉMONSTRATIF • LE PASSÉ • LES PRONOMS AUTONOMES • "NE PAS ÊTRE"

MA FAMILLE

Rama Ndiaye : Vous regardez les photos dans les cadres ?

Atoumane Guéye : Oui, les photos sont belles. Qui est ce couple ?

Rama Ndiaye : Ceux-ci, ce sont mes parents.

Atoumane Guéye : Ton père était beau et très grand.

Rama Ndiaye : Ma mère aussi était une femme élégante.

Atoumane Guéye : Celui-ci, qui est-ce ?

Rama Ndiaye : C'est mon neveu avec sa tante paternelle, il est enseignant.

Atoumane Guéye : Où est-il, lui ?

Rama Ndiaye : Il est à Kaolack, chez son oncle maternel.

Atoumane Guéye : Et sur cette photo ancienne ?

Rama Ndiaye : Mon grand-père avec ma grand-mère *(mon grand-parent homme et mon grand-parent femme)*.

Atoumane Guéye : Ils ne sont pas tellement âgés.

Rama Ndiaye : Mon grand-père a quatre-vingt-dix ans.

Atoumane Guéye : Et ta grand-mère ?

Rama Ndiaye : Elle, elle est décédée *(elle est blessée)* à soixante-dix ans *(dans ses soixante-dix ans)*.

Atoumane Guéye : Quelle est ta parenté avec ces deux jeunes gens-là sur cette photo *(sous-verre là-bas)* ?

Rama Ndiaye : C'est mon frère ainé et ma sœur cadette.

SAMAY WAA KËR

Rama Njaay : Yaa ngiy xool suweer yi ?

Aatumaan Géy : Waaw ; portale yi dañu rafet. Couple bii, ñan la ?

Rama Njaay : Ñii, samay waajur lañu.

Aatumaan Géy : Sa baay dafa rafetoon te njool.

Rama Njaay : Sama yaay itam diriyaanke la woon.

Aatumaan Géy : Kii, kan la ?

Rama Njaay : Sama jarbaat la ak bàjjenam ; jàngalekat la.

Aatumaan Géy : Ana mu, moom ?

Rama Njaay : Mu nga Kawlax, ca nijaayam.

Aatumaan Géy : Suweer bu yàgg bii nak ?

Rama Njaay : Sama maam ju góor ak sama maam ju jigéen.

Aatumaan Géy : Duñu mag lool.

Rama Njaay : Sama maam ju góor am na juróom-ñent fukki at.

Aatumaan Géy : Sa maam ju jigéen nak ?

Rama Njaay : Moom, mu ngi gaañu ci juróom-ñaar fukki atam.

Aatumaan Géy : Lan nga bokk ak ñaari ndaw yale ca suweer bale ?

Rama Njaay : Sama mag ju góor ak sama rakk ju jigéen lañu.

COMPRENDRE LE DIALOGUE
PARLER DE SA FAMILLE

En wolof, il n'y a pas d'équivalent aux termes "grand-père"/"grand-mère", "fratrie", "frère"/"sœur" ; **maam** signifie *grand-parent*, *ancêtre*. Pour *grand-père*, on dira **maam-ju-góor** (litt. "grand-parent-qui-est-homme") et pour *grand-mère* **maam-ju-jigéen** (litt. "grand-parent-qui-est-femme").
De même, on dit **mag-ju-góor** *grand frère* ; **mag-ju-jigéen** *grande sœur*. Dans ce cas, **mag** signifie *aîné*.
Mais quand Atoumane dit **Duñu mag lool**, **mag** signifie *personne âgée*.

SPÉCIFICITÉ LINGUISTIQUE

gaañu *être blessé* ou *se blesser* est ici un terme d'évitement pour **dee** *mourir*.

◆ GRAMMAIRE
LE POSSESSIF

	Objet au singulier		Objet au pluriel	
1ʳᵉ pers.	**sama kër**	*ma maison*	**samay kër**	*mes maisons*
2ᵉ pers.	**sa kër**	*ta maison*	**say kër**	*tes maisons*
3ᵉ pers.	**këram**	*sa maison*	**ay këram**	*ses maisons*

1ʳᵉ pers.	**sunu kër**	*notre maison*	**sunuy kër**	*nos maisons*
2ᵉ pers.	**seen kër**	*votre maison*	**seeni kër**	*vos maisons*
3ᵉ pers.	**seen kër**	*leur maison*	**seeni kër**	*leurs maisons*

Remarques :
-am, marque du possessif à la 3ᵉ pers. sing. est affixée au nom possédé
-ay, article indéfini de l'objet possédé indique le pluriel pour la 3ᵉ pers. sing.
-ay devient **y**, affixé aux 1ʳᵉ pers. sing. et pl. et à la 2ᵉ pers. sing.
-ay devient **i**, affixé aux 2ᵉ et 3ᵉ pers. pl.

LE DÉMONSTRATIF

Imaginons un locuteur désignant *une maison* **kër**. Sachant que **kër** appartient au groupe (on dit aussi classe) des noms en **g-** il va employer le démonstratif :
- **gile** ou **gii** si la maison est proche de lui,

- **gale** ou **gee** si la maison est éloignée de lui,
- **googu** si la maison est plutôt proche de son interlocuteur seulement.

N'oubliez pas que la consonne **g-** varie en fonction de la classe du nom.

Ainsi, si nous prenions l'exemple du dialogue **Suweer bii nak** *Et cette photo sous-verre ?*, on aurait : **suweer bii**, **suweer bale**, **suweer boobu**.

Le démonstratif, employé seul, a un statut de pronom démonstratif : **Ñii, samay waajur lañu** *Ceux-ci, ce sont mes parents* ; **Kii, kan la** *Celui-ci, qui est-ce ?*

LE PASSÉ

Le passé est indiqué par le suffixe **-oon** attaché au verbe si celui-ci se termine par une consonne : **Sa baay dafa rafetoon**. Autrement, il est écrit séparément avec à l'initiale la consonne **w** : **Sama yaay itam diriyaanke la woon**.

LES PRONOMS AUTONOMES

Ils correspondent aux pronoms toniques en français.

	Pronoms autonomes	Pronoms toniques
1re pers. sing.	**man**	*moi*
2e pers. sing.	**yow**	*toi*
3e pers. sing.	**moom**	*lui*

1re pers. pl.	**nun**	*nous*
2e pers. pl.	**yeen**	*vous*
3e pers. pl.	**ñoom**	*eux*

LA NOTION DE "NE PAS ÊTRE"

Duñu mag lool *Ils ne sont pas tellement âgés.*

Pour exprimer l'idée de *ne pas être* suivi d'un nom, on utilise la conjugaison :

1re pers. sing.	**Duma mag.**	*Je ne suis pas un vieux.*
2e pers. sing.	**Doo mag.**	*Tu n'es pas un vieux.*
3e pers. sing.	**Du mag.**	*Il/Elle n'est pas un(e) vieux/vieille.*

1ʳᵉ pers. pl.	**Dunu mag.**	*Nous ne sommes pas des vieux.*
2ᵉ pers. pl.	**Dungeen mag.**	*Vous n'êtes pas des vieux.*
3ᵉ pers. pl.	**Duñu mag.**	*Ils/Elles ne sont pas des vieux/vieilles.*

▲ EXERCICES

1. ÉCOUTEZ ET ÉCRIVEZ LES RÉPONSES AUX QUESTIONS.

a. Kii, kan la ?

b. Ana mu, moom ?

c. Lan nga bokk ak ñaar ñale ca suweer bale ?

2. RAYEZ LE MOT EN TROP DANS CHACUNE DE CES PHRASES.

a. Ñii, samay baay waajur lañu.

b. Sama jarbaat la ak lool bàjjenam.

c. Mu nga Kawlax, ca suweer nijaayam.

3. COMPLÉTEZ LES PHRASES.

a. Yaa ngiy .... suweer yi ?

b. Ana ...., moom ?

c. Moom, mu ngi .... ci juróom-ñaar fukki atam.

4. ÉCOUTEZ CHAQUE PHRASE EN FAISANT ATTENTION À L'INTONATION, PUIS RÉPÉTEZ-LA.

a. Yaa ngiy xool suweer yi ?

b. Sama yaay itam diriyaanke la woon.

c. Suweer bii nak ?

d. Mu nga Kawlax, ca nijaayam.

VOCABULAIRE

xool regarder
suweer photo dans un cadre, sous-verre
portale photo, portrait
waajur parent (père, mère)
baay père
njool être très grand
yaay mère
diriyaanke femme élégante
kan qui (interrogatif)
jarbaat neveu, nièce
bàjjen tante paternelle
jàngalekat enseignant
moom lui, elle
nijaay oncle maternel
maam ju góor grand-père
maam ju jigéen grand-mère
mag aîné (dans la fratrie), personne âgée, être grand, âgé
lool trop
juróom-ñent fukk 90
nak et, alors
gaañu décédé, être blessé, se blesser
juróom-ñaar fukk 70
lan (variante **lu**) quoi, qu'est-ce que
bokk avoir en commun, faire partie de, parenté
ñaar deux
ndaw jeune

6.
DANS UNE USINE
CI AB ISIN

OBJECTIFS	NOTIONS
• S'ORIENTER • DÉCOUVRIR SON LIEU DE TRAVAIL	• LES PRONOMS PERSONNELS : COMPLÉMENT, SUJET, GÉNITIVAL (SYNTHÈSE) • EXPRIMER UN ÉTAT • INSISTER SUR LE SUJET : "C'EST ... QUI ..." • L'ÉNONCÉ INCITATIF OU SUGGESTIF

DANS UNE USINE

Alfa Diallo : Bonjour !

Sophie Tall : Bonjour !

Alfa Diallo : Je dois me présenter à Madame Tall *(on m'a envoyé chez la dame Tall)*.

Sophie Tall : C'est moi-même. Qui êtes-vous *(c'est toi qui est qui)* ?

Alfa Diallo : Je m'appelle Alfa Diallo *(c'est Alfa Diallo que je m'appelle)*.

Sophie Tall : Ah, oui ! Vous êtes le nouveau comptable *(c'est toi qui es le comptable qui est nouveau)*.

Alfa Diallo : Oui. Je suis le nouveau comptable *(c'est moi qui suis le comptable qui est nouveau)*.

Sophie Tall : Venez ! Je vais vous faire visiter les lieux *(venez, je vous montre l'endroit)* !

Alfa Diallo : Je vous suis *(je suis à votre arrière)*.

Sophie Tall : Quand quelqu'un vient à l'usine, c'est ici qu'il patiente *(attend)*.

Alfa Diallo : C'est écrit à la porte *(on l'a écrit à la porte)*.

Sophie Tall : Là-bas, c'est le service comptabilité.

Alfa Diallo : C'est là-bas que je serai alors.

Sophie Tall : Maintenant, allons visiter l'étage en haut !

Alfa Diallo : Est-ce que le bureau situé à droite, c'est celui du DG *(celui du DG est)* ?

Sophie Tall : Oui. Les autres sont ceux des employés.

Alfa Diallo : Il y en a des bureaux *(que vous avez beaucoup des bureaux)* !

Sophie Tall : L'usine est grande, c'est pour cela *(c'est cela qui être la cause)*.

Alfa Diallo : Et où se trouve votre bureau *(c'est où que ta pièce se trouve)* ?

Sophie Tall : Au rez-de-chaussée *(en bas)*, nos bureaux sont contigus.

CI AB ISIN

Alfa Jàllo : Salaam aalekum !

Sófi Taal : Aalekum salaam !

Alfa Jàllo : Dañu ma yebal ci Soxna si Taal.

Sófi Taal : Man la. Yaay kan ?

Alfa Jàllo : Alfa Jàllo laa tudd.

Sófi Taal : Aa, waaw ! Yaay comptable bu bees bi.

Alfa Jàllo : Waaw. Maay comptable bu bees bi.

Sófi Taal : Kaay, ma won la bërëb bi !

Alfa Jàllo : Maa ngi ci sa gannaaw.

Sófi Taal : Bu nit ñówee ci isin bi, fii lay xaar.

Alfa Jàllo : Bind nañu ko ci bunt bi.

Sófi Taal : Fale, mooy service comptabilité bi.

Alfa Jàllo : Foofa laay nekk kon.

Sófi Taal : Léegi, nanu dem seeti étage ba ca kow !

Alfa Jàllo : Ndax néeg bi féete ci ndeyjoor, bu Directeur Général bi la ?

Sófi Taal : Waaw. Yeneen yi, yu surga yi lañu.

Alfa Jàllo : Aka ngeen bare ay néeg !

Sófi Taal : Isin bu mag la, moo tax.

Alfa Jàllo : Fan la sa néeg nekk ?

Sófi Taal : Ci suuf, suñuy néeg a taq.

COMPRENDRE LE DIALOGUE
SPÉCIFICITÉ CULTURELLE

Le prénom "Soxna" est également le mot pour interpeller une dame et, plus particulièrement, l'épouse d'un personnage de haut rang.

Alors qu'en français, on dit *"ma dame"*, en wolof, on dit *"la dame"* **soxna si**.

Un *bureau*, en tant que pièce, est simplement une chambre, donc **néeg** en wolof.

GRAMMAIRE
LES PRONOMS PERSONNELS : SUJET, COMPLÉMENT, GÉNITIVAL

Dans les tableaux suivants, une synthèse de l'usage des pronoms personnels, pour consolider vos acquis.

Pronoms sujets :

1re pers. sing.	**ma**	*je*
2e pers. sing.	**nga** ; **ya**	*tu*
3e pers. sing.	**mu**	*il/elle*

1re pers. pl.	**nu**	*nous*
2e pers. pl.	**ngeen**	*vous*
3e pers. pl.	**ñu**	*ils/elles*

Pronoms compléments :

1re pers. sing.	**ma**	*me, moi*
2e pers. sing.	**la**	*te, toi*
3e pers. sing.	**ko**	*le/la*

1re pers. pl.	**nu**	*nous*
2e pers. pl.	**leen**	*vous*
3e pers. pl.	**leen**	*les/leurs*

Pronom génitival, introduit l'idée de possession et il est suivi d'un substantif.

3ᵉ pers. sing.	**bu**	*celui de / celle de*
3ᵉ pers. pl.	**yu**	*ceux de / celles de*

Remarque :
Il ne faut pas confondre **bu** pronom génitival (**bu DG bi la** *c'est celui du DG*) avec **bu** pronom relatif (**Yaay comptable bu bees bi** *Tu es le nouveau comptable*).

Comme vous l'avez appris, la consonne **b** varie en fonction du nom et du nombre du terme qu'elle introduit :
doom ju góor / doom yu góor *un fils / des fils*
samay doom / yu Omar *mes enfants / ceux d'Omar*
sama gan / gu Omar *mon hôte / celui d'Omar*

EXPRIMER UN ÉTAT

Dans le module 1, nous avons vu la forme **laa nga la lanu ngeen lañu** que l'on emploie quand le complément est le mot le plus important d'un énoncé ; c'est cette forme qui va servir pour dire *être… (quelque chose)*. Ainsi : *Je suis français* se dira **Waa France laa** (ou simplement : **Français laa**).

LA CONJUGAISON QUI INSISTE SUR LE SUJET

Quand le mot le plus important de la phrase est le sujet (S), il est placé en tête d'énoncé, suivi du mot **a**, que l'on peut traduire par *c'est … qui …* ensuite vient le verbe (V), puis le complément (C).

S + a	V	C	Phrase finale
Moor a	**fanaan**	**ci néeg bi**	**Moor a fanaan ci néeg bi.**
C'est Mor qui	*passer_ la_ nuit*	*dans la chambre*	*C'est Mor qui a passé la nuit dans la chambre.*

L'ÉNONCÉ INCITATIF OU SUGGESTIF

Contrairement à l'impératif, l'énoncé incitatif suggère ce qu'il faut faire. Il est introduit par le terme **na**, placé en tête de proposition : **Nanu dem ca kow !**
En général, la meilleure traduction en français sera un énoncé au futur : **Nanga nuyu Omar** *Tu salueras Omar*.

▲ CONJUGAISON
EXPRIMER UN ÉTAT

1re pers. sing.	**Touriste laa.**	*Je suis touriste.*
2e pers. sing.	**Touriste nga.**	*Tu es touriste.*
3e pers. sing.	**Touriste la.**	*Il/Elle est touriste.*

1re pers. pl.	**Touriste lanu.**	*Nous sommes touristes.*
2e pers. pl.	**Touriste ngeen.**	*Vous êtes touristes.*
3e pers. pl.	**Touriste lañu.**	*Ils/Elles sont touristes.*

MISE EN RELIEF DU SUJET

Singulier	Structure	Mot à mot	Phrase finale
1re pers.	S **a** V C	**ma a y kan**	**Maay kan ?** (litt. "C'est qui que je suis") *Qui suis-je ?*
2e pers.	S **a** V C	**ya a y kan**	**Yaay kan ?**
3e pers.	S **a** V C	**mu a y kan**	**Mooy kan ?**

Pluriel			
1re pers.	S **a** V C	**nu a y kan**	**Nooy kan ?**
2e pers.	S **a** V C	**yeen a y kan**	**Yeenay kan ?**
3e pers.	S **a** V C	**ñu a y kan**	**Ñooy kan ?**

Vous avez remarqué que :
- ici **y** est le verbe *être*,
- **ng** de la 2e personne du singulier et du pluriel **nga** ; **ngeen** devient **y**,
- la rencontre de **u** des pronoms **mu**, **nu** et **ñu** avec le **a** donne **oo**.

L'INCITATIF

Singulier	Structure	Mot à mot	Phrase finale
1re pers.	**na** S V C	**na ma dem ca kow**	**naa dem ca kow** *que j'aille en haut*
2e pers.	**na** S V C	**na nga dem ca kow**	**nanga dem ca kow**
3e pers.	**na** S V C	**na mu dem ca kow**	**na dem ca kow**

● VOCABULAIRE

yebal *envoyer une personne auprès de/à un endroit, dépêcher*
soxna si *madame*
bees *nouveau, neuf*
won *montrer, faire visiter*
bërëb *endroit, lieu*
gannaaw *derrière, arrière*
ñów *venir*
isin *usine*
xaar *attendre, patienter*
bind *écrire, inscrire*
bunt *porte, entrée*
néeg *bureau, chambre*
nekk *être, se trouver*
léegi *maintenant, bientôt*
kow *en haut, sur, dessus*
ndax *est-ce que, pour que, car*
féete *être situé*
ndeyjoor *droite*
bu *celui de*
yeneen *autres*
yu *ceux de*
surga *employé*
aka *comme* (exclamation)
bare *beaucoup, être nombreux*
tax *être la cause de*
moo tax *c'est pour cela/ cette raison*
suuf *rez-de-chaussée, sous, en bas*
taq *contigu, attenant, accolé*

Pluriel			
1ʳᵉ pers.	**na** S V C	**na nu dem ca kow**	**nanu dem ca kow**
2ᵉ pers.	**na** S V C	**na ngeen dem ca kow**	**nangeen dem ca kow**
3ᵉ pers.	**na** S V C	**na ñu dem ca kow**	**nañu dem ca kow**

Vous avez remarqué que dans la phrase finale :
- la consonne **m** de la 1ʳᵉ personne du singulier s'efface devant le **na**,
- **mu**, le pronom de la 3ᵉ personne du singulier s'efface devant le **na**.

▲ EXERCICES

1. ÉCOUTEZ ET ÉCRIVEZ LES RÉPONSES.

a. Yaay kan ?

b. Ndax néeg bi féete ci ndeyjoor, bu DG bi la ?

c. Fan la sa néeg nekk ?

2. RAYEZ LE MOT EN TROP DANS CHACUNE DE CES PHRASES.

a. Dañu ma yebal comptable ci Soxna si Taal.

b. Maay kan comptable bu bees bi.

c. Léegi, nanu dem ñówee ca kow !

3. COMPLÉTEZ LES PHRASES.

a. Fale, ... néegu comptable bi.

b. .... ngeen bare ay néeg !

c. Ci suuf ; suñuy néeg a ....

4. ÉCOUTEZ CHAQUE PHRASE EN FAISANT ATTENTION À L'INTONATION, PUIS RÉPÉTEZ-LA.

a. Man la. Yaay kan ?

b. Aa, waaw ! Yaay comptable bu bees bi.

c. Aka ngeen bare ay néeg !

d. Isin bu mag la, moo tax.

7. PREMIER CONTACT TÉLÉPHONIQUE

WAXTAAN WU JËKK CI TELEFON

OBJECTIFS	NOTIONS
• RÉPONDRE AU TÉLÉPHONE • DIALOGUER AVEC SON INTERLOCUTEUR • DEMANDER DES COORDONNÉES	• LE PASSÉ COMME MARQUE DE POLITESSE • LE A VERBAL • LA RÉPÉTITION OU ITÉRATIF • LA NÉGATION

PREMIER CONTACT TÉLÉPHONIQUE

Alfa Diallo : Allo !

Marie Sène : Allo ! Qui est-ce *(allo ! celui-là)* ?

Alfa Diallo : C'est moi ; Alfa Diallo.

Marie Sène : Allo !

Alfa Diallo : C'est moi ; Alfa Diallo.

Marie Sène : Alfa Diallo ?

Alfa Diallo : Oui. Je voudrais parler à Madame Tall *(je voudrais parler à la dame Tall)*.

Marie Sène : Actuellement, elle est occupée *(là où c'est, elle a attrapé)*.

Alfa Diallo : Est-ce que je peux réessayer un peu plus tard *(réessayer devant un peu)* ?

Marie Sène : Oui ; prenez son numéro direct !

Alfa Diallo : Je vous écoute *(me voici t'écoutant)*.

Marie Sène : 77 765 …

Alfa Diallo : Je ne vous ai pas bien entendue.

Marie Sène : 77 765 65 …

Alfa Diallo : Je ne vous ai toujours pas entendue *(je ne t'ai pas entendue jusqu'à aujourd'hui)*.

Marie Sène : Quel est votre numéro *(c'est quoi qui est ton numéro)* ?

Alfa Diallo : C'est celui qui est affiché *(celui qui apparaît sur ton téléphone est)*.

Marie Sène : Quand elle sera libre, elle vous appellera.

Alfa Diallo : Merci, madame.

Marie Sène : Je vous en prie *(cela n'a pas d'importance)*.

08 WAXTAAN WU JËKK CI TELEFON

Alfa Jàllo : Alóo !

Mari Seen : Alóo ! Kooku ?

Alfa Jàllo : Man la ; Alfa Jàllo.

Mari Seen : Alóo !

Alfa Jàllo : Man la ; Alfa Jàllo.

Mari Seen : Alfa Jàllo ?

Alfa Jàllo : Waaw. Dama bëggoona wax ak Soxna si Taal.

Mari Seen : Fii mu nekk, dafa jàpp.

Alfa Jàllo : Ndax mën naa jéemaat ci kanam tuuti ?

Mari Seen : Waaw ; jélal nimoroom !

Alfa Jàllo : Maa ngi lay déglu.

Mari Seen : 77 765 ...

Alfa Jàllo : Dégguma la bu baax.

Mari Seen : 77 765 65 ...

Alfa Jàllo : Dégguma la ba tey.

Mari Seen : Lan mooy sa nimoro ?

Alfa Jàllo : Biy feeñ ci sa telefon la.

Mari Seen : Bu féexee, dina la woo.

Alfa Jàllo : Jërëjëf, Jigéen ji.

Mari Seen : Amul solo.

■ COMPRENDRE LE DIALOGUE
SPÉCIFICITÉ CULTURELLE

Pour s'adresser :
- à une dame, on dit **soxna si**,
- à une demoiselle, on dit **janx bi**. **Soxna** est un titre de respect qui par ailleurs est devenu un prénom. Au demeurant, on respecte les demoiselles aussi,
- à un adulte, on dit **sëriñ bi ou góor gi** (si c'est une personne d'un certain âge),
- à un jeune homme, on dit **xale bu góor bi**.

◆ GRAMMAIRE
LE PASSÉ COMME MARQUE DE POLITESSE

Quand Alpha Diallo dit **Dama bëggoona wax ak Soxna si Taal** le suffixe **-oon** du passé (cf. module 5) n'exprime plus le passé en tant que tel mais traduit une marque de politesse dans la communication. C'est ce qu'on fait en français quand on dit *Je voudrais rencontrer Mme…* à la place de *Je veux rencontrer Mme…*

LE A VERBAL

Le **a** qui apparaît à la fin de **bëggoona** est ici pour signifier que le terme qui suit est un verbe. Si on devait mettre un nom à la place du verbe **wax**, il faudrait supprimer le **a**.
Comparez :
Dama bëggoon doom, *Je voulais un enfant*.
Dama bëggoona am doom, *Je voulais avoir un enfant*.

LA RÉPETITION OU ITÉRATIF

Pour indiquer qu'une action est répétée, on ajoute au verbe le suffixe **-aat**.
Ndax mën naa jéemaat, *Est-ce que je peux essayer à nouveau ?*

LA NÉGATION

La marque de la négation est **-ul** mais devant un pronom, le **l** s'efface.
La forme originelle de **Dégguma** était **Dégg-ul-ma**.

▲ CONJUGAISON

Forme négative de **dégg** *entendre* :

Singulier	Structure	Mot à mot	Phrase finale
1ʳᵉ pers.	V Nég. S (C)	**dégg -ul -ma** (C)	**Dégguma** (C) *Je n'ai pas entendu (…)*
2ᵉ pers.	V Nég. S (C)	**dégg -ul -loo** (C)	**Dégguloo** (C)
3ᵉ pers.	V Nég. S (C)	**dégg -ul -mu** (C)	**Déggul** (C)

Pluriel			
1ʳᵉ pers.	V Nég. S (C)	**dégg -ul -nu** (C)	**Déggunu** (C)
2ᵉ pers.	V Nég. S (C)	**dégg -ul -leen** (C)	**Dégguleen** (C)
3ᵉ pers.	V Nég. S (C)	**dégg -ul -ñu** (C)	**Dégguñu** (C)

Vous avez remarqué que dans la phrase finale :
- la consonne de la négation **-ul** s'efface sauf à la 3ᵉ pers. du singulier,
- le pronom **mu** 3ᵉ pers. du singulier s'efface devant la négation **-ul**.

▲ EXERCICES

1. ÉCOUTEZ CHAQUE PHRASE EN FAISANT ATTENTION À L'INTONATION, PUIS RÉPÉTEZ-LA.

a. Alóo ! Kooku ?

b. Alfa Jàllo ?

c. Ndax mën naa jéemaat ci kanam tuuti ?

d. Biy feeñ ci sa telefon la.

2. ÉCOUTEZ ET ÉCRIVEZ LES RÉPONSES AUX QUESTIONS.

a. Aloo ! Kooku ?

b. Ndax mën naa jéemaat ci kanam tuuti ?

c. Lan mooy sa nimoro ?

3. RAYEZ LE MOT EN TROP DANS CHACUNE DE CES PHRASES.

a. Fi mu nekk, dafa kooku jàpp.

b. Maa ngi lay nimoroom déglu.

c. Amul solo feeñ.

4. COMPLÉTEZ LES PHRASES.

a. Waaw. Dama .... wax ak Soxna si Taal.

b. Ndax mën naa .... ci kanam tuuti ?

c. Biy .... ci sa telefon la.

● VOCABULAIRE

jàpp *être occupé, attraper, tenir*
mën (variante **man, mun**) *pouvoir*
jéem *essayer*
kanam *plus tard, devant, avant, visage, face*
tuuti *un peu*
jél *prendre*
nimoro *numéro*
déglu *écouter*
baax *bien, bon, gentil*
tey *aujourd'hui*
feeñ *apparaître*
féex *libre*
woo *appeler*
sériñ bi *monsieur*
solo *importance*

8.
PREMIER RENDEZ-VOUS
DIG-DAJE BU JËKK

OBJECTIFS	NOTIONS
• CONVENIR D'UN RENDEZ-VOUS	• UN SUFFIXE À VALEUR DE RÉCIPROCITÉ
• DÉFINIR L'ADRESSE DU LIEU DE RENDEZ-VOUS	• ÉCONOMIE DU SUJET
• S'INFORMER DE L'ITINÉRAIRE À SUIVRE	• L'ANTÉRIORITÉ
• LA DIVISION DU TEMPS	• LE COMITATIF

PREMIER RENDEZ-VOUS (PROMETTRE SE RENCONTRER)

Alfa Jàllo : Allo !

Madame Taal : Allo ! Qui est à l'appareil *(allo ! celui-là)* ?

Alfa Jàllo : C'est moi, Alfa Diallo.

Madame Taal : J'ai reçu *(j'ai atteint)* votre message.

Alfa Jàllo : Que pensez-vous de mon projet *(c'est quoi que tu as pensé de mon projet)* ?

Madame Taal : Venez à mon bureau après-demain *(derrière demain)* afin que nous en discutions !

Alfa Jàllo : À quelle heure *(à quel moment)* ?

Madame Taal : Venez à 10 heures !

Alfa Jàllo : Comment je fais pour me rendre *(pour venir)* à votre lieu de travail ?

Madame Taal : D'où viendrez-vous *(c'est d'où que tu partiras)* ?

Alfa Jàllo : Je partirai de Liberté VI *(c'est de Liberté VI que je partirai)* !

Madame Taal : Vous prendrez le Dem-Dikk 9, et descendrez à Le Dantec.

Alfa Jàllo : Le Dantec ?

Madame Taal : Quand vous traverserez *(quand tu auras franchi la chaussée)*, c'est l'immeuble rouge en face.

Alfa Jàllo : Merci, Madame Taal !

Madame Taal : Mais soyez à l'heure *(mais arrivez à l'heure)* !

Alfa Jàllo : S'il plaît à Dieu, à 10 heures, j'y serai *(je serai là-bas)*.

Madame Taal : À mercredi alors.

Alfa Jàllo : Passez une journée paisible *(passez la journée en paix)* !

Madame Taal : À vous pareillement *(et vous aussi)*.

DIG-DAJE BU JËKK

Alfa Jàllo : Alóo !

Soxna si Taal : Alóo ! Kooku ?

Alfa Jàllo : Man la ; Alfa Jàllo.

Soxna si Taal : Jot naa sa yóbbante.

Alfa Jàllo : Lan nga xalaat ci sama projet bi ?

Soxna si Taal : Ñówal sama bureau gannaaw suba ngir nu waxtaan ci !

Alfa Jàllo : Ci ban waxtu ?

Soxna si Taal : Ñówal 10 heures !

Alfa Jàllo : Naka laay def ngir ñów seen liggéeyuwaay ?

Soxna si Taal : Fan ngay jóge ?

Alfa Jàllo : Liberté VI laay jóge !

Soxna si Taal : Dangay jél Dem-Dikk 9, wàcc Le Dantec.

Alfa Jàllo : Le Dantec ?

Soxna si Taal : Boo jéggee tali bi, taax mu xonx mi ngay janool la.

Alfa Jàllo : Jërëjëf, Soxna si Taal !

Soxna si Taal : Nanga agsi ci waxtu nak !

Alfa Jàllo : Su soobee Yàlla, 10 heures, dinaa fa nekk.

Soxna si Taal : Ba àllarba kon.

Alfa Jàllo : Yendul ak jàmm !

Soxna si Taal : Ak yow itam.

COMPRENDRE LE DIALOGUE
SPÉCIFICITÉ CULTURELLE

→ Si Madame Taal demande à Alfa Diallo d'arriver à l'heure, c'est parce qu'en général, on ne respecte pas l'heure du rendez-vous au Sénégal. Un rendez-vous à 10 heures est souvent interprété comme à partir de 10 heures.

→ Le plus souvent, pour donner une adresse, on vous donnera un point de repère. Donner une adresse précise comme cela se fait en France par exemple, n'est pas encore très courant au Sénégal, les rues n'ayant porté de nom que récemment, à l'exception de Dakar-Plateau et partiellement à Saint-Louis, Thies ou Kaolack.

→ Au Sénégal, vous entendrez souvent dire **Su soobee Yàlla** (ou en arabe **inchalla**), c'est-à-dire *S'il plaît à Dieu*. Du fait de la religion, on a la conviction que rien ne se fait sans Dieu. Voici pourquoi Alfa Diallo dit *S'il plaît à Dieu, à 10 heures, j'y serai*.

→ Le **Dem-Dikk 9** est la ligne 9 de la compagnie de transport en commun interurbain qui s'appelle **Dem-Dikk** littéralement "Aller-Venir".

SPÉCIFICITÉ LINGUISTIQUE

La journée est divisée en **guddi** *nuit* et **bëccëg** *jour*. **Bëccëg** couvre **suba** *matin* (ce terme, d'origine arabe, a supplanté le mot wolof **lëllëg** qui a disparu) et **ngoon**. **Ngoon** couvre **tisbaar** *début d'après-midi* ; **tàkkusaan** *milieu d'après-midi* ; **timis** *crépuscule*. La journée commence à la fin du crépuscule. Quand le locuteur wolof dit **guddi àjjuma** *nuit du vendredi*, il s'agit de la nuit entre jeudi et vendredi. Cela peut induire en erreur un étranger pour qui ce serait plutôt la nuit entre vendredi et samedi.

◆ GRAMMAIRE
UN SUFFIXE A VALEUR DE RÉCIPROCITÉ -E

Dans le titre **Dig daje**, le suffixe **-e** exprime l'idée de réciprocité dans l'action **daj** qui signifie *rencontrer*. Donc **daje** signifie *se rencontrer*. Ceci explique le néologisme **dig daje** (litt. "promettre se rencontrer") pour dire *donner un rendez-vous*.

Retenez que nous retrouverons ce suffixe **-e** avec d'autres valeurs dans d'autres contextes.

ÉCONOMIE DE L'EMPLOI RÉPÉTITIF DU SUJET

Quand Madame Tall dit **Dangay jél Dem-Dikk 9, wàcc Le Dantec** *Vous prendrez le Dem-Dikk 9, [et] descendrez à Le Dantec* vous remarquez qu'elle ne répète pas le sujet **nga**. Cela est normal parce que les verbes **jél** (*prendre*) et **wàcc** (*descendre*) ont le même sujet.

SUFFIXE D'ANTÉRIORITÉ -EE

Le suffixe **-ee** dans **Boo jéggee tali bi, taax mu xonx mi ngay janool la** indique une chronologie dans la réalisation des verbes **jéggi** (*franchir*) et **janoo** (*se faire face*). Le fait que **jéggi** porte le suffixe **-ee** indique qu'il est réalisé avant **janoo**. En français, on utiliserait le futur antérieur pour la même information.

Ainsi, **Boo jéggee tali bi, […]** est normalement traduit par *Quand tu auras franchi la chaussée, […]*

Notez-le ! Dans l'énoncé, **jéggi** a perdu le **i** à cause de la rencontre avec la voyelle **-ee**.

LE COMITATIF -AL

Dans **[…], taax mu xonx mi ngay janool la** le verbe **janoo** (*se faire face*) porte un suffixe **-al** dont la voyelle est tombée en présence de la voyelle longue **oo** de **janoo**. Ce suffixe a le sens de la préposition *avec*. Donc **janool** *faire face à* devrait être compris comme *(se) faire face avec*.

▲ CONJUGAISON

L'antériorité dans les subordonnées de temps ou de condition.

Singulier	Structure	Mot à mot	Phrase finale	
1ʳᵉ pers.	**bu** S V**-ee**	bu ma lekkee	Bu ma lekkee, …	*Quand j'aurai mangé, …*
2ᵉ pers.	**bu** S V**-ee**	bu nga lekkee	Boo lekkee, …	*Quand tu auras mangé, …*
3ᵉ pers.	**bu** S V**-ee**	bu mu lekkee	Bu lekkee, …	*Quand il/elle aura mangé,…*

Pluriel				
1ʳᵉ pers.	**bu** S V**-ee**	bu nu lekkee	Bu nu lekkee, …	*Quand nous aurons mangé,…*
2ᵉ pers.	**bu** S V**-ee**	bu ngeen lekkee	Bu ngeen lekkee, …	*Quand vous aurez mangé, …*
3ᵉ pers.	**bu** S V**-ee**	bu ñu lekkee	Bu ñu lekkee, …	*Quand ils/elles auront mangé,…*

- **boo** est généré par la rencontre de **bu** avec **nga**.

L'avez vous remarqué ? Dans la phrase finale :
- le pronom **mu** 3e personne du singulier s'est effacé,
- dans la conjugaison avec une subordonnée de condition, **bu** quand devient **su** *si*.

▲ EXERCICES

1. ÉCOUTEZ CHAQUE PHRASE EN FAISANT ATTENTION À L'INTONATION, PUIS RÉPÉTEZ-LA.

a. Jot naa sa yóbbante.

b. Ci ban waxtu ?

c. Fan ngay jóge ?

d. Le Dantec ?

2. ÉCOUTEZ ET ÉCRIVEZ LES RÉPONSES AUX QUESTIONS.

a. Lan nga xalaat ci sama projet bi ?

b. Naka laay def ngir ñów seen liggéeyuwaay ?

c. Fan ngay jóge ?

3. RAYEZ LE MOT EN TROP DANS CHACUNE DE CES PHRASES.

a. Jot naa sa yóbbante xalaat.

b. Ci ban waxtu ñówal ?

c. Nanga agsi ci waxtu nak soobee !

4. COMPLÉTEZ LES PHRASES.

a. Lan nga .... ci sama projet bi ?

b. Boo .... tali bi, taax mu xonx mi ngay janool la.

c. Su .... Yàlla, 10 heures, dinaa fa nekk.

● VOCABULAIRE

dig *promettre*
daje *se rencontrer*
jëkk *être premier*
jot *recevoir*
yóbbante *message*
suba *demain*
gannaaw-suba *après-demain*
ngir *pour*
waxtaan *discuter, causer*
waxtu *moment, heure*
ban *quel, lequel*
liggéeyuwaay *lieu de travail*
jóge *venir de* (lieu)
dikk *venir*
wàcc *descendre, sortir du travail*
jéggi *franchir, traverser*
tali *chaussée*
taax *immeuble, bâtiment*
xonx *être rouge*
janoo *être en face, se faire face*
agsi *arriver*
soob *plaire*
àllarba *mercredi*

II

LA

VIE

QUOTIDIENNE

9.
À LA RECHERCHE D'UN LOGEMENT
WUT KËR

OBJECTIFS

- RECHERCHER UN LOGEMENT
- EXPRIMER UNE PRÉFÉRENCE

NOTIONS

- LA STRUCTURE DE LA PROPOSITION APRÈS *LU TAX* "POURQUOI"
- LA STRUCTURE DE LA PROPOSITION DANS UNE SUBORDONNÉE COMPLÉTIVE
- PRONOM RELATIF DONT L'ANTÉCÉDENT EST SOUS-ENTENDU

À LA RECHERCHE D'UN LOGEMENT

Fatim Pouye : Dis donc, Ousmane, pourquoi es-tu ainsi, dans la position du penseur ?

Ousmane Lô : Le propriétaire de la maison.

Fatim Pouye : Qu'est-ce qu'il se passe ?

Ousmane Lô : Il réclame sa maison pour la fin du mois *(il a besoin de sa maison mois qui est mort)*.

Fatim Pouye : Pas possible *(certainement non)* !

Ousmane Lô : C'est cela qui me préoccupe *(c'est cela qui ferme ma tête)*.

Fatim Pouye : Lève-toi, nous allons voir Khadi Sow !

Ousmane Lô : Qui est-elle ?

Fatim Pouye : Elle travaille dans une agence immobilière.

Ousmane Lô : C'est ton amie *(elle est ton amie)* ?

Fatim Pouye : Que cherches-tu *(c'est de quoi que tu as besoin)* ?

Ousmane Lô : Chambre à coucher *(chambre d'intérieur)*, salon, cuisine et toilettes.

Fatim Pouye : Beaucoup de propriétaires reprennent leurs maisons ces temps-ci.

Ousmane Lô : Ils ont appris *(entendu)* que le Chef de l'État s'apprête à baisser les loyers.

Fatim Pouye : Tu veux une maison à étage *(une maison en hauteur)* ou bien … ?

Ousmane Lô : Je préfère une maison de plain-pied *(une maison au sol)* si c'est possible.

Fatim Pouye : Avec cour *(qui ait une cour)* ?

Ousmane Lô : Une cour moyenne.

Fatim Pouye : Si la maison de tes rêves *(que tu veux)* existe, Khadi la dénichera !

WUT KËR

Faatim Puy : Moo, Usmaan, lu tax nga dëgmu nii ?

Usmaan Lóo : Boroom kër gi.

Faatim Puy : Lu xew ?

Usmaan Lóo : Dafa soxla këram weer wu dee.

Faatim Puy : Xanaa déet !

Usmaan Lóo : Loolu, moo ub sama bopp.

Faatim Puy : Jógal, nu seeti Xadi Sow !

Usmaan Lóo : Kuy kooku ?

Faatim Puy : Dafay liggéey ci benn agence immobilière.

Usmaan Lóo : Sa xarit la ?

Faatim Puy : Lan nga soxla ?

Usmaan Lóo : Néegu biir, saal, waañ ak wanag.

Faatim Puy : Boroom kër yu baree ngiy jélaat seeni kër jamano yi.

Usmaan Lóo : Dañu dégg ne Njiitu réew mi dafay waaja wàññi loyer yi.

Faatim Puy : Taaxu kow nga bëgg wala… ?

Usmaan Lóo : Këru suuf a ma gënal su mënee am.

Faatim Puy : Gu am ëtt ?

Usmaan Lóo : Ëtt bu yem.

Faatim Puy : Kër gi nga bëgg, su amee, Xadi dina ko luqati !

■ COMPRENDRE LE DIALOGUE

→ La position du penseur est surtout perçue comme un état de détresse et non de repos. C'est pour cela que Fatim, en voyant Ousmane, s'exclame **Moo !** *Dis donc !*

→ Une chambre à coucher est appelée **néegu biir** (litt. "chambre _ de intérieur"). Mais plus souvent, on dit **chambre à coucher**.

→ En milieu urbain, **toilettes** est plus employé que **wanag** qui est le petit enclos aménagé derrière la case pour y uriner ou s'y laver.

SPÉCIFICITÉ LINGUISTIQUE

→ Il ne faut surtout pas confondre **moo** (cf. module 6) avec **moo** de ce dialogue. Ici, il est plutôt l'expression d'un effet de surprise, d'étonnement, d'alerte même.

→ Littéralement, **xanaa déet** *assurément non* est une expression qui a une valeur dubitative. Il faut comprendre *Pas possible !*

→ L'expression **ub bopp**, littéralement "fermer tête" indique le fait d'avoir l'esprit préoccupé. Elle se décline en fonction du sujet, ici à la 1re pers. du singulier.

◆ GRAMMAIRE

STRUCTURE DE LA PROPOSITION APRES *LU TAX* "POURQUOI"

Dans le dialogue, à la 1re ligne, Fatim dit à Ousmane **[…], lu tax nga dëgmu … ?** *[…] pourquoi es-tu… ?*

Après la locution interrogative **lu tax** *pourquoi*, si la phrase est affimative, la structure de la proposition est simple : sujet + verbe (+ complément).

Étant donné qu'il n'y a aucune marque de conjugaison, cette structure est dite minimale.

STRUCTURE DE LA PROPOSITION DANS UNE SUBORDONNÉE COMPLÉTIVE

Lorsqu'une proposition subordonnée complète une proposition principale, sa structure est minimale : sujet + verbe (+ complément).

Par exemple quand Faatim dit **Jógal, nu seeti Xadi Sow !**, la subordonnée **nu seeti Xadi Sow !** est un complément de la proposition principale **Jógal**.

En rétablissant le lien **ngir** (*pour que*) entre les deux propositions, on voit que la principale **Jógal** (*Lève-toi*) est complétée par la subordonnée **nu seeti Xadi Sow** *nous allons voir Khadi Sow.*

EXPRIMER UNE PRÉFÉRENCE

Afin d'exprimer sa préférence pour une maison de plain-pied **këru suuf**, Ousmaan utilise la forme (**a** *c'est … qui …*) qui désigne le sujet comme étant le terme le plus important de l'énoncé : **Këru suuf a ma gënal …**
Autres exemples :
Omar a ma gënal Abdu *Je préfère Omar à Abdu.*
Dakar a la gënal Rufisque *Tu préfères Dakar à Rufisque.*

PRONOM RELATIF DONT L'ANTÉCÉDENT EST SOUS-ENTENDU

À la fin du dialogue, Fatim ne dit pas vraiment *Avec cour* mais *qui ait une cour*. L'énoncé **Gu am ëtt ?** est tronqué. L'énoncé complet serait **Kër gu am ëtt ?** où **kër**, antécédent du pronom relatif **gu** est sous-entendu.
Sama xarit bu baax la, bu tudd Xadi *C'est une bonne amie à moi, qui s'appelle Khadi.*

CONJUGAISON
PRONOMS DANS LA STRUCTURE MINIMALE

Singulier	Forme affirmative
1re pers.	**Lu tax ma dem** *Pourquoi suis-je parti ?*
2e pers.	**Lu tax nga dem ?**
3e pers.	**Lu tax mu dem ?**

Pluriel	
1re pers.	**Lu tax nu dem ?**
2e pers.	**Lu tax ngeen dem ?**
3e pers.	**Lu tax ñu dem ?**

Attention à la forme négative de **Lu tax ma dem**.

Singulier	Forme négative
1re pers.	**Lu tax demuma ?**
2e pers.	**Lu tax demuloo ?**
3e pers.	**Lu tax demul ?**

Pluriel	
1ʳᵉ pers.	**Lu tax demunu ?**
2ᵉ pers.	**Lu tax demuleen ?**
3ᵉ pers.	**Lu tax demuñu ?**

🔊 EXERCICES

1. ÉCOUTEZ ET ÉCRIVEZ LES RÉPONSES AUX QUESTIONS.

a. Moo, Usmaan, lu tax nga dëgmu nii ?

b. Lu xew ?

c. Lan nga soxla ?

2. RAYEZ LE MOT EN TROP DANS CHACUNE DE CES PHRASES.

a. Loolu, moo ub sama bopp xalaat.

b. Sa xarit la nekk ?

c. Néegu biir kër, saal, waañ ak wanag.

3. COMPLÉTEZ LES PHRASES.

a. Moo, Usmaan, lu tax nga .... nii ?

b. Loolu, moo ub .... bopp.

c. .... am ëtt ?

4. ÉCOUTEZ CHAQUE PHRASE EN FAISANT ATTENTION À L'INTONATION, PUIS RÉPÉTEZ-LA.

a. Lu xew ?

b. Xanaa déet !

c. Sa xarit la ?

d. Gu am ëtt ?

● VOCABULAIRE

wut (variante **ut**) *chercher*
moo ! *dis donc !*
lu (variante **lan**) *quoi, qu'est-ce que*
lu tax *pourquoi*
dëgmu *prendre la position du penseur (le menton dans la paume)*
nii *comme ça, ainsi*
boroom *propriétaire, maître*
xew *se passer, avoir lieu, être à la mode, cérémonie*
soxla *avoir besoin de*
weer *mois*
dee *fin de, mourir*
xanaa déet ! *pas possible !*
ub bopp *préoccuper*
jóg *se lever*
seeti *aller voir*
néegu biir *chambre à coucher*
saal *salon, salle, séjour*
waañ *cuisine*
wanag *toilettes*
jamano *ces temps-ci, époque, période*
ne *que*
njiit *chef, dirigeant*
réew *état, pays*
waaj *s'apprêter à, se préparer*
wàññi *baisser, diminuer*
taaxu kow *maison à étage*
wala *ou bien*
këru suuf *maison de plain-pied*
gën *être meilleur, être plus*
ëtt *cour*
yem *moyen*

10.
AU TRAVAIL
CA LIGGÉEY BA

OBJECTIFS

- DIALOGUER AVEC SES COLLÈGUES
- DONNER SON OPINION

NOTIONS

- DES NOMS QUI VARIENT AU PLURIEL
- *-E* ÉQUIVALENT DU "DE" FRANÇAIS
- L'INACCOMPLI AVEC VALEUR DE FUTUR
- LA NÉGATION *-UL* ET L'ANTÉRIORITÉ *-EE*
- LA NÉGATION ET LE FUTUR

AU BUREAU

Alfa Diallo : Les amis, comment allez-vous *(mes gars, comment avez-vous fait)* ?

Collègues : Ça va, grâce à Dieu *(remercier Dieu)*.

Alfa Diallo : Sophie ! La réunion, c'est aujourd'hui, n'est-ce pas ?

Sophie Tall : On l'a reportée à demain *(on l'a renvoyée jusqu'à demain)*.

Alfa Diallo : À quelle heure ?

Sophie Tall : Quand nous reviendrons de la cantine *(quand nous aurons quitté la cantine)*.

Alfa Diallo : De quoi allons-nous parler *(discuter)* ?

Sophie Tall : C'est au sujet de l'organisation du travail.

Alfa Diallo : C'est tout *(seulement)* ?

Sophie Tall : Et d'autres sujets.

Alfa Diallo : J'espère que l'augmentation des salaires en fera partie ?

Sophie Tall : Ce sera le premier point.

Alfa Diallo : Notre délégué est trop mou.

Sophie Tall : Pourtant, il fait de son mieux *(il fait ce il peut)*.

Alfa Diallo : Chaque année *(chaque année qui atteint)*, on nous promet une augmentation.

Sophie Tall : Faisons preuve de pondération et de sagesse *(soyons accompagnés de calme et de sagesse)*.

Alfa Diallo : Si nous ne bougeons pas, rien ne se fera *(rien ne sera terminé)*.

Sophie Tall : Je pense que nous n'en arriverons pas là *(je pense que nous n'y arriverons pas)*.

CI BIRO BI

Alfa Jàllo : Sama gaa ñi, na ngeen def ?

Collègues : Sant Yàlla.

Alfa Jàllo : Sófi ! Ndaje li, tey la, te-du ?

Sófi Taal : Dàq nañu ko ba ëllëg.

Alfa Jàllo : Ci ban waxtu ?

Sófi Taal : Bu nu jógee cantine ba.

Alfa Jàllo : Lu nuy waxtaane ?

Sófi Taal : Mbiru doxalinu liggéey bi.

Alfa Jàllo : Rekk ?

Sófi Taal : Ak yeneen mbir.

Alfa Jàllo : Mbaa yokkute salaire yi dina ci bokk ?

Sófi Taal : Mooy nekk ponk bu jëkk bi.

Alfa Jàllo : Sunu délégué bi dafa nooy lool.

Sófi Taal : Ndaxam mu ngiy def lu mu mën.

Alfa Jàllo : At mu jot, ñu dig nu yokkute ?

Sófi Taal : Nanu ànd ak teey te màndu.

Alfa Jàllo : Su nu yënguwul, dara du sotti.

Sófi Taal : Defe naa ne dunu ci àgg.

■ COMPRENDRE LE DIALOGUE
SPÉCIFICITÉ CULTURELLE

→ **gaa**, qui n'est pas un emprunt au français, est le pluriel de **waay**. Il a plusieurs acceptions : *individu*, *gars* et par convivialité, il prend souvent le sens de : *mon cher*, *mon pote*, *mon tandem*, *mon ami*.

→ Vous remarquerez vite qu'on évoque Dieu assez souvent pour signifier qu'il n'y a rien sans sa volonté.

SPÉCIFICITÉ LINGUISTIQUE

te-du ou parfois **du** simplement, est une locution adverbiale qui signifie *n'est-ce pas*, *n'est-ce pas que*.

◆ GRAMMAIRE
DES NOMS QUI VARIENT AU PLURIEL

En règle générale, les noms en wolof ne varient pas en nombre. Il y a une liste fermée de noms qui font exception. Les plus courants sont :

Singulier		Pluriel
baaraam	*doigt*	**waaraam**
bëñ	*dent*	**gëñ**
bët	*œil*	**gët**
buy	*pain de singe* (fruit du baobab)	**wuy**
loxo	*bras* ; *main*	**yoxo**
mbaam	*âne*	**waam**
mbagg	*épaule*	**wagg**
mbàttu	*gourde-calebasse fendue servant de louche*	**bàttu**
mbokk	*parent*	**bokk**
waay (variante **waa**)	*individu*	**gaa**

-E ÉQUIVALENT DU "DE" FRANÇAIS

Au module 3, vous avez vu le suffixe **-e** quand il a une valeur de réciprocité. Dans ce module, ce même suffixe **-e** a une autre valeur ; dans l'énoncé **Lu nuy waxtaane**, **waxtaan** signifie *causer* et le suffixe **-e** correspond à la préposition *de* du français. Vous rencontrerez encore d'autres valeurs de ce suffixe dans les modules à venir.

L'INACCOMPLI AVEC VALEUR DE FUTUR

Vous avez appris au module 3 que **dina** est la forme principale pour exprimer une action au futur.
Mais il est employé exclusivement dans les phrases où :
- le terme le plus important n'est ni le sujet, ni le verbe, ni le complément,
- l'énoncé n'a pas une valeur explicative.
Ainsi dans **Mooy nekk ponk bu jëkk bi** où le sujet **mu** est le terme le plus important, du fait de la présence de la marque **a** (en effet, **moo** provient de la fusion **mu + a**), le suffixe **-y**, marque de l'inaccompli, se substitue à **dina**. Cela reste valable à toutes les personnes de la conjugaison avec une valeur de futur.
Souvenez-vous que vous aviez rencontré le cas où le suffixe **-y** pouvait aussi avoir une valeur de présent continu *en train de*.

L'ANTÉRIORITÉ *-EE* APRÈS LA NÉGATION *-UL*

Dans le dialogue Alpha Diallo dit **Su nu yënguwul** au lieu de **Su nu yënguwulee**. En effet, après une négation dans les subordonnées de temps ou de condition, il est permis de ne pas ajouter la marque **-ee**.

LA NÉGATION ET LE FUTUR

À la dernière réplique, Sophie dit **Defe naa ne dunu ci àgg**. Elle emploie la marque **du** pour avoir un futur simple à la forme négative. Cette conjugaison est la même que celle que vous avez apprise au module 5 où la marque servait à exprimer l'idée de *ne pas être* + nom.

CONJUGAISON
L'INACCOMPLI AVEC VALEUR DE FUTUR

1re pers. sing.	**Damay liggéey suba.**	*Je travaille demain.*
2e pers. sing.	**Dangay liggéey suba.**	*Tu travailles demain.*
3e pers. sing.	**Dafay liggéey suba.**	*Il/Elle travaille demain.*

1re pers. pl.	**Danuy liggéey suba.**	*Nous travaillons demain.*
2e pers. pl.	**Dangeen di liggéey suba.**	*Vous travaillez demain.*
3e pers. pl.	**Dañuy liggéey suba.**	*Ils/Elles travaillent demain.*

À la 2e personne du pluriel, on met **di**, variante de **-y** pour éviter la rencontre de consonnes. En wolof, **y** est une consonne.

LA NÉGATION ET LE FUTUR

1ʳᵉ pers. sing.	**Duma dem.**	Je ne partirai pas.
2ᵉ pers. sing.	**Doo dem.**	Tu ne partiras pas.
3ᵉ pers. sing.	**Du dem.**	Il/Elle ne partira pas.

1ʳᵉ pers. pl.	**Dunu dem.**	Nous ne partirons pas.
2ᵉ pers. pl.	**Dungeen dem.**	Vous ne partirez pas.
3ᵉ pers. pl.	**Duñu dem.**	Ils/Elles ne partiront pas.

▲ EXERCICES

1. ÉCRIVEZ LES RÉPONSES AUX QUESTIONS.

a. Sófi ! Ndaje li, te-du tey la ?

b. Lu nuy waxtaane ?

c. Mbaa yokkute salaire yi dina ci bokk ?

2. RAYEZ LE MOT EN TROP DANS CHACUNE DE CES PHRASES.

a. Dàq nañu ko ba tey ëllëg.

b. Bu nu lool jógee cantine ba.

c. Defe rekk naa ne dunu ci àgg.

🔊 3. ÉCOUTEZ ET COMPLÉTEZ LES PHRASES.

a. Sama .... ñi, na ngeen def ?

b. Mbaa .... salaire yi dina ci bokk ?

c. Bu nu .... cantine ba.

🔊 4. ÉCOUTEZ CHAQUE PHRASE EN FAISANT ATTENTION À L'INTONATION, PUIS RÉPÉTEZ-LA.

a. Sófi ! Ndaje li, te-du tey la ?

b. Lu nuy waxtaane ?

c. Rekk ?

d. Mbaa yokkute salaire yi dina ci bokk ?

● VOCABULAIRE

biro *bureau*
gaa *amis, individus, gars*
ndaje *réunion*
te-du *n'est-ce pas*
dàq *reporter, renvoyer, chasser*
ëllëg *demain*
waxtaane *parler de, causer de, discuter de*
mbir *affaire, sujet*
doxalin *organisation*
yokkute *augmentation*
ponk *point, partie, rubrique*
nooy *mou, tendre*
ndaxam *pourtant*
def *faire, mettre*
ànd *faire preuve de, accompagner, aller ensemble*
teey *maîtrisé, pondéré, posé*
te *et*
màndu *sage*
su *si*
yëngu *bouger, se remuer*
dara *rien, quelque chose*
sotti *être terminé, aboutir*
defe *penser que*
àgg *arriver à*

11. UN ENTRETIEN PROFESSIONNEL

WAXTAAN CI WÀLLU LIGGÉEY

OBJECTIFS

- S'ADRESSER À SA HIÉRARCHIE
- S'EXCUSER

NOTIONS

- UNE NOUVELLE VALEUR DU SUFFIXE *-E*
- FAIRE POUR LA PREMIÈRE FOIS
- EXPRIMER L'IDÉE DE VERBE + "POUR LE MOMENT"
- LE VERBE *NE* "DIRE" ET LE SUFFIXE *-AAN*
- EXPRIMER LA NOTION "N'AVOIR PAS (VERBE) DEPUIS LONGTEMPS"

ENTRETIEN AVEC SON PATRON

Daouda Sarr a un entretien professionnel avec Nafi Kane, la directrice de son entreprise.

Nafi Kane : Prenez un fauteuil *(tirez le fauteuil)* et asseyez-vous !

Daouda Sarr : Merci.

Nafi Kane : Un instant *(donnez-moi un peu)*, je vais sortir votre dossier ! Daouda euh… ?

Daouda Sarr : Sarr.

Nafi Kane : Je vous écoute.

Daouda Sarr : Je veux passer chef de section.

Nafi Kane : Passer… ?

Daouda Sarr : Chef de section.

Nafi Kane : Depuis combien de temps travaillez-vous dans cette entreprise ?

Daouda Sarr : Six ans.

Nafi Kane : Avez-vous jamais écrit pour demander une promotion *(pour dire cela)* ?

Daouda Sarr : C'est la première fois.

Nafi Kane : Comment se passent *(comment vont)* vos relations avec vos collègues ?

Daouda Sarr : Une bonne entente avec tous *(entente avec tous)*.

Nafi Kane : Il y a quelqu'un qui part à la retraite dans dix mois.

Daouda Sarr : Est-ce que je peux espèrer *(est-ce que je peux en avoir espoir)* ?

Nafi Kane : Il faut que j'en parle avec le directeur général.

Daouda Sarr : Je ne l'ai pas vu depuis longtemps. On dit qu'il va s'en aller. Sa place me conviendrait.

WAXTAANU NJAATIGE AK SURGA

Nafi Kan : Xëccal fauteuil bi, toog !

Daawda Saar : Jërëjëf.

Nafi Kan : May ma tuuti, ma génne sa dossier ! Daawda ëë… ?

Daawda Saar : Saar.

Nafi Kan : Maa ngi lay dëglu.

Daawda Saar : Dama bëgga jàll chef de section.

Nafi Kan : Jàll… ?

Daawda Saar : Chef de section.

Nafi Kan : Ban diir nga liggéeyagum ci entreprise bi ?

Daawda Saar : Juróom-benni at.

Nafi Kan : Mës nga bind ngir wax ko ?

Daawda Saar : Guléet.

Nafi Kan : Sa diggante ak ñi nga bokkal liggéey, naka la deme ?

Daawda Saar : Déggoo ak ñépp.

Nafi Kan : Am na kuy dem retraite fii ak fukki weer.

Daawda Saar : Ndax mën naa ci am yaakaar ?

Nafi Kan : Faw ma waxtaan ci ak DG.

Daawda Saar : Géj naa ko gis. Ñu ngi naan dafay dem. Palaasam doon na baax ci man.

■ COMPRENDRE LE DIALOGUE

→ Quand Nafi dit **May ma tuuti** littéralement "offre-moi un peu" cela signifie *Permettez-moi un instant de…*

→ **mës** (variantes **mas** ; **mus**) est un verbe auxiliaire qui, à lui tout seul, signifie *avoir fait l'expérience de…*

→ **guléet** aussi est un mot intéressant pour dire *la première fois*.

→ **géj** est un verbe auxiliaire pour dire *n'avoir pas (…) depuis longtemps*.

◆ GRAMMAIRE

UNE NOUVELLE VALEUR DU SUFFIXE -E

Vous avez appris que le suffixe **-e** pouvait avoir la valeur de réciprocité ou le sens de la préposition *de* en français (respectivement aux modules 8 et 10).
Dans ce dialogue :
May ma tuuti, ma génne sa dossier, le suffixe **-e** permet au verbe **génn** *sortir* de prendre un complément d'objet direct, en l'occurrence **sa dossier** ; il permet donc à un verbe intransitif de devenir transitif.
Sa diggante ak ñi nga bokkal liggéey, naka la deme ? le suffixe **-e** a le même sens qu'au module 10. Sachant que **dem** signifie *partir* et **naka** *quelle manière*, il faut comprendre littéralement "Tes relations avec les collègues, de quelle manière ça va".

EXPRIMER L'IDÉE DE VERBE + "POUR LE MOMENT"

Le suffixe **-agum** ajouté à un verbe indique un fait qui est en cours (*… pour l'instant*), qui n'est pas à une phase finale. C'est ce que fait Nafi en demandant à Daouda **[…] ban diir nga fi defagum ?**

ban	diir	nga	fi	def	agum
quelle	*durée*	*tu*	*ici*	*faire*	*pour le moment*

STRUCTURE DE L'ÉNONCÉ APRÈS *GULEET*

Après **guléet** (*pour la première fois*), l'énoncé adopte une structure minimale :
Guléet sujet + verbe + complément.
Ainsi la réponse complète de Daouda serait **Guléet, ma bind ngir wax ko**.

Pour la première fois	S	V	C
Guléet	ma	bind	ngir wax ko
	je	écrire	pour dire cela

LE VERBE *NE* "DIRE" ET LE SUFFIXE *-AAN*

Quand Daouda veut dire que les gens parlent d'un départ éventuel du directeur général, il ajoute le suffixe **-aan** au verbe **ne** (*dire*) : **Ñu ngi naan DG dafay dem** *Le bruit court que le directeur général va s'en aller*. Ce suffixe, appliqué au verbe **ne** (*dire*) en particulier, lui apporte la valeur du gérondif (ou participe présent) en français *en disant*.

Employé seul, le verbe **ne** a une valeur d'accompli (participe passé).

 CONJUGAISON

Structure minimale après **guléet** :

1ʳᵉ pers. sing.	**Guléet, ma bind ngir wax ko.**	*C'est la première fois que j'écris pour le dire.*
2ᵉ pers. sing.	**Guléet, nga bind ngir wax ko.**	*C'est la première fois que tu écris pour le dire.*
3ᵉ pers. sing.	**Guléet, mu bind ngir wax ko.**	*C'est la première fois qu'il écrit pour le dire.*

1ʳᵉ pers. pl.	**Guléet, nu bind ngir wax ko.**	*C'est la première fois que nous écrivons pour le dire.*
2ᵉ pers. pl.	**Guléet, ngeen bind ngir wax ko.**	*C'est la première fois que vous écrivez pour le dire.*
3ᵉ pers. pl.	**Guléet, ñu bind ngir wax ko.**	*C'est la première fois qu'ils écrivent pour le dire.*

▲ EXERCICES

1. ÉCRIVEZ LES RÉPONSES AUX QUESTIONS.

a. Ñaata at nga fi defagum ?

b. Mës nga bind ngir wax ko ?

c. Sa diggante ak ñi nga bokkal liggéey, naka la deme ?

2. RAYEZ LE MOT EN TROP DANS CHACUNE DE CES PHRASES.

a. Xëccal fauteuil bi, toog, dem !

b. Ndax bind mën naa ci am yaakaar ?

c. Faw géj ma waxtaan ci ak DG.

3. ÉCOUTEZ ET COMPLÉTEZ LES PHRASES.

a. May ma tuuti, ma .... sa dossier !

b. Dama bëgga .... chef de section.

c. Ñaata at nga fi .... ?

4. ÉCOUTEZ CHAQUE PHRASE EN FAISANT ATTENTION À L'INTONATION, PUIS RÉPÉTEZ-LA.

a. Xëccal fauteuil bi, toog !

b. Maa ngi lay dëglu.

c. Sa diggante ak ñi nga bokkal liggéey, naka la deme ?

d. Géj naa ko gis. Ñu ngi naan dafay dem.

● VOCABULAIRE

njaatige *patron, responsable, maître des lieux, tuteur*
xëcc *tirer*
may *offrir, donner*
génne *sortir quelque chose*
dëglu *écouter*
jàll *passer d'un point à un autre*
juróom-benn *six*
mës *avoir fait l'expérience de*
guléet *pour la première fois*
diggante *entre, relation*
déggoo *entente, être en bonne entente*
ñépp *tous* (humains), *tout le monde*
ku *quelqu'un, qui* (interrogatif)
fukk *dix*
yaakaar *espoir, espérer*
faw *il faut que*
géj *n'avoir pas* (verbe) *depuis longtemps*
naan *dire* (disant)

12.
LE QUOTIDIEN
JËFI BÉS BU NEKK

OBJECTIFS

- **PARLER DES ACTIVITÉS DE LA VIE QUOTIDIENNE**

NOTIONS

- **MARQUER L'ÉLOIGNEMENT OU LE RAPPROCHEMENT**
- **QUAND LA NÉGATION EST SUIVIE D'UN PRONOM**
- **QUAND LE SUFFIXE ÉVOQUE UN COMPLÉMENT D'OBJET IMPLICITE**
- **EXPRIMER L'IDÉE DE FAIRE À LA PLACE DE QUELQU'UN**

LA ROUTINE QUOTIDIENNE

Ouléye Dia : Il se fait tard. Je pars faire les courses *(je pars entrer au marché)*.

Demba Sarr : Où est Khoudia ?

Ouléye Dia : Elle lave le linge aujourd'hui.

Demba Sarr : Attends un instant, je vais te conduire *(attends un peu, je vais t'emmener)* !

Ouléye Dia : Ce n'est pas la peine *(cela ne le vaut pas)*, je prendrai un clando.

Demba Sarr : Tout à l'heure, j'irai à SDE payer la facture d'eau *(j'irai payer l'eau à SDE)*.

Ouléye Dia : La facture d'électricité aussi est arrivée *(le papier du courant aussi est venu)* hier soir.

Demba Sarr : C'est combien cette fois-ci ?

Ouléye Dia : Elle est un peu salée *(elle est un peu épicée)* ce mois-ci.

Demba Sarr : En rentrant *(quand je serai en train de rentrer)*, je passerai chez le maître d'école arabe.

Ouléye Dia : Qu'est-ce qu'il se passe ?

Demba Sarr : Les enfants ont dit qu'il est malade.

Ouléye Dia : Sais-tu *(es-tu au courant)* qu'on distribue *(donne)* des moustiquaires à la mosquée ?

Demba Sarr : On l'a annoncé après la prière de l'aube *(quand on a eu fini de prier l'aube)*.

Ouléye Dia : Que veux-tu que je prépare pour tes invités à midi *(que je prépare pour tes invités à déjeuner)* ?

Demba Sarr : Un yassa au poulet sans pareil *(un yassa au poulet qui n'existe nulle part)*.

Ouléye Dia : Ça marche *(on fait équipe)* !

LI ÑUY DEF BÉS BU NEKK

Uléy Ja : Naaj na. Maa ngiy duggi marse.

Demba Saar : Ana Xujja ?

Uléy Ja : Dafay fóot tey.

Demba Saar : Xaaral tuuti, ma yóbbu la !

Uléy Ja : Jaru ko ; dinaa jél clando.

Demba Saar : Bu ci kanamee, dinaa dem feyi ndox SDE.

Uléy Ja : Kayitu courant bi it ñów na démb ci ngoon.

Demba Saar : Ñaata la bii yoon ?

Uléy Ja : Xaw na saf weer wii.

Demba Saar : Bu may ñibbisi, dinaa jaar ci ustaas.

Uléy Ja : Lu xew ?

Demba Saar : Xale yi dañu ne dafa feebar.

Uléy Ja : Yég nga ne ñu ngiy joxe ay sànke ci jàkka ji ?

Demba Saar : Yégle nañu ko bi ñu jullee fajar ba noppi.

Uléy Ja : Loo bëgg ma toggal sa gan yi añ ?

Demba Saar : Yaasa ganaar bu amul fenn.

Uléy Ja : Ñoo far.

■ COMPRENDRE LE DIALOGUE
SPÉCIFICITÉ CULTURELLE

→ Dans beaucoup de familles, quand la maîtresse de maison va faire les courses au marché, son époux lui remet l'argent des dépenses du jour. En principe, c'est l'époux qui tient la bourse. C'est pour cette raison qu'Ouléye annonce à Demba qu'elle va y aller.

→ **clando** est un diminutif de *clandestin*. On appelait ainsi les taxis qui n'avaient pas de licence. On les distingue des taxis réguliers par le fait qu'ils sont banalisés. On continue de les appeler **clando** bien qu'ils soient régularisés de nos jours.

→ La SDE est la Sénégalaise des Eaux. Celui qui souscrit à un abonnement reçoit une facture tous les deux mois à payer dans un délai indiqué ; faute de quoi, le montant est majoré. On peut payer par prélèvement bancaire ou à l'agence.

SPÉCIFICITÉ LINGUISTIQUE

→ **naaj** est *la lumière* ou *la chaleur du soleil* qui se dit **jant**. Mais on emploie aussi **naaj** comme verbe pour dire *qu'il se fait tard dans la matinée*. Quand c'est en fin d'après-midi, on emploie **guddi** qui signifie *nuit*.

→ Si **kanam** signifie *devant* dans le temps ou dans l'espace. Dans le dialogue, il signifie *tout à l'heure*. Sa particularité est que l'on peut l'employer comme proposition subordonnée, complément circonstanciel de temps. Ainsi, dans l'énoncé **Bu ci kanamee...** où on pourrait le comprendre littéralement comme "quand il sera tout à l'heure..."

◆ GRAMMAIRE
LA NOTION D'ÉLOIGNEMENT AVEC LE SUFFIXE *-I*

En ajoutant à un verbe le suffixe **-i**, on lui apporte l'idée de *partir*. Ainsi, dans le dialogue, **duggi** formé de **dugg** *entrer* + **-i** *partir* signifie littéralement "partir-entrer".
En wolof, pour dire *faire les courses*, on dit littéralement "entrer au marché". Alors, pour dire *Je pars faire les courses*, sans employer **dem** *partir*, il suffit d'ajouter **-i** au verbe **dugg** plutôt que de dire **Maa ngiy dem dugg marse**.
Remarquez que l'un n'empêche pas l'autre. On peut employer simultanément le verbe **dem** et le suffixe **-i**. En effet, Demba Saar dit : **Bu ci kanamee, dinaa dem feyi ndox SDE** *Tout à l'heure, j'irai à la SDE payer la facture d'eau* (litt. "j'irai payer l'eau à SDE").

LA NOTION DE RAPPROCHEMENT AVEC LE SUFFIXE -SI

À l'inverse du suffixe **-i**, le suffixe **-si** ajoute la connotation *venir*. C'est ce que l'on voit dans la réplique **Bu may ñibbisi, dinaa jaar ci ustaas.** Sachant que **ñibbi** signifie *rentrer chez soi*, en ajoutant **-si**, le sens de **ñibbisi** sera *rentrer ici*.

UNE NOUVELLE VALEUR DU SUFFIXE -E

Dans l'énoncé **Yég nga ne ñu ngiy joxe ay sànke ca jàkka ja ?** le suffixe **-e** indique qu'il y a un complément d'objet qui n'est pas nommé. En l'occurrence, les personnes à qui on remet ces moustiquaires.
Un autre exemple dans le dialogue, **Yégle nañu ko ...** *On l'a annoncé ...* l'ajout de **-e** au verbe **yégal** (*informer quelqu'un*) empêche de dire explicitement à qui la nouvelle a été annoncée.
Comparez :
Ñu ngiy jox nit ñi ay sànke *On donne aux gens des moustiquaires.*
Ñu ngiy joxe ay sànke *On donne des moustiquaires.*

FAIRE À LA PLACE DE QUELQU'UN

Pour dire qu'on fait une action au bénéfice d'une personne, il faut ajouter le suffixe **-al** au verbe qui exprime cette action. Quand Ouléye dit à son mari **Loo bëgg ma toggal sa gan yi añ**, les bénéficiaires sont les invités de Demba pour qui elle va préparer le repas.
Il faut placer le bénéficiaire juste après le verbe.

CONJUGAISON

La simultanéité par opposition à l'antériorité (Cf. module 8) :

Simultanéité		
1ʳᵉ pers. sing.	**Bu may ñibbisi ...**	*En rentrant, je ...*
2ᵉ pers. sing.	**Booy ñibbisi ...**	*En rentrant, tu ...*
3ᵉ pers. sing.	**Buy ñibbisi ...**	*En rentrant, il/elle ...*

1ʳᵉ pers. pl.	**Bu nuy ñibbisi ...**	*En rentrant, nous ...*
2ᵉ pers. pl.	**Bu ngeen di ñibbisi ...**	*En rentrant, vous ...*
3ᵉ pers. pl.	**Bu ñuy ñibbisi ...**	*En rentrant, ils/elles ...*

Combiné à **bu**, **-y** ou sa variante **di**, marque de l'inaccompli (*en train de/habituellement*) sert ici à exprimer la réalisation de deux faits simultanés.

Antériorité		
1ʳᵉ pers. sing.	**Bu ma ñibbisee ...**	*Quand je serai rentré...*
2ᵉ pers. sing.	**Boo ñibbisee ...**	*Quand tu seras rentré...*
3ᵉ pers. sing.	**Bu ñibbisee ...**	*Quand il/elle sera rentré(e)...*

1ʳᵉ pers. pl.	**Bu nu ñibbisee ...**	*Quand nous serons rentrés...*
2ᵉ pers. pl.	**Bu ngeen ñibbisee ...**	*Quand vous serez rentrés...*
3ᵉ pers. pl.	**Bu ñu ñibbisee ...**	*Quand ils/elles seront rentré(e)s...*

Comme vous l'avez vu au module 8, ici, c'est **-ee** qui exprime l'antériorité.

▲ EXERCICES

🔊 1. ÉCOUTEZ ET ÉCRIVEZ LES RÉPONSES AUX QUESTIONS.
13

a. Kuy dem marse ?

b. Kan mooy fóot ?

c. Lan moo ñów démb ci ngoon ?

2. RAYEZ LE MOT EN TROP DANS CHACUNE DE CES PHRASES.

a. Dafay fóot yaasa tey.

b. Ñaata dinaa la bii yoon ?

c. Loo bëgg weer ma toggal sa gan yi añ ?

3. COMPLÉTEZ LES PHRASES.

a. Maa ngiy .... marse.

b. Bu ci ...., dinaa dem feyi ndox SDE.

c. Bu may ...., dinaa jaar ci ustaas.

🔊 4. ÉCOUTEZ CHAQUE PHRASE EN FAISANT ATTENTION À L'INTONATION, PUIS RÉPÉTEZ-LA.
13

a. Xaaral tuuti, ma yóbbu la !

b. Ñaata la bii yoon ?

c. Lu xew ?

d. Yaasa ganaar bu amul fenn.

VOCABULAIRE

naaj *se faire tard* (dans la matinée), *chaleur, lumière du soleil*
dugg marse *faire les courses* (de denrées alimentaires)
fóot *laver le linge*
yóbbu *conduire, emmener, emporter*
jar *valoir la peine de, coûter*
clando à l'origine *taxi sans licence* (clandestin)
ci kanam *tout à l'heure*
fey *payer, éteindre*
SDE *Sénégalaise Des Eaux*
démb *hier, le passé*
ngoon *soir* (de midi au crépuscule)
bii yoon *cette fois-ci*
xaw *faillir, un peu* + adjectif
saf *salé, épicé, avoir la saveur de...*
ñibbi *rentrer* (chez soi)
jaar *passer* (par un chemin)
ustaas *maître, professeur d'école arabe*
yég *être informé, savoir*
ne *que,* mais aussi *dire*
jox *distribuer, remettre, donner*
sànke *moustiquaire*
jàkka *mosquée*
fajar *aube*
noppi *terminer, finir*
togg *cuisiner, préparer*
añ *déjeuner*
yaasa *grillade* (accompagnée d'oignon)
ganaar *poulet*
fenn *nulle part, sans pareil*
far *faire équipe, être partenaire, être du même camp*

13. LES TÂCHES MÉNAGÈRES

LIGGÉEYU KËR

OBJECTIFS

- LE VOCABULAIRE DES TÂCHES MÉNAGÈRES

NOTIONS

- LES SUFFIXES -*ANDOO* POUR EXPRIMER LA SIMULTANÉITÉ
- LES SUFFIXES -*AALE* POUR EXPRIMER LA SIMULTANÉITÉ
- LE SUFFIXE -*ANDI* POUR DIRE "EN ATTENDANT"
- LE SUFFIXE CAUSATIF -*AL* COMMENT DIRE "N'AVOIR PAS ENCORE" + VERBE

À CHACUN SA TÂCHE

Demba Sarr : Que fais-tu ?

Ouléye Dia : Je repasse les habits des enfants.

Demba Sarr : Khoudia alors ?

Ouléye Dia : Elle lave la vaisselle.

Demba Sarr : Qui ira chercher les enfants à l'école ?

Ouléye Dia : Toi, bien sûr !

Demba Sarr : Je suis occupé *(j'ai attrapé)*.

Ouléye Dia : Alors je vais demander à ma *(la)* voisine de les prendre avec elle *(de les prendre en même temps)*.

Demba Sarr : J'irai les chercher après avoir acheté du foin aux moutons *(quand j'aurai acheté pour les moutons du foin jusqu'à terminé)*.

Ouléye Dia : En attendant, tu peux leur donner du son *(tu peux leur donner en attendant du son)*.

Demba Sarr : J'ai réservé le son aux poules *(c'est aux poules que j'ai réservé le son)*.

Ouléye Dia : Quand vas-tu nettoyer le poulailler ?

Demba Sarr : J'y pense *(c'est dans mon esprit)*.

Ouléye Dia : Il commence à sentir.

Demba Sarr : Pourtant, je cherche quelqu'un qui s'en occuperait.

Ouléye Dia : Les Socés cherchent du travail de maison en maison.

Demba Sarr : Je ne les ai pas encore vus.

Ouléye Dia : Tu oublies les enfants ; il est temps *(le moment a atteint)*.

KU NEKK AK LIGGÉEYAM

Demba Saar : Looy def ?

Uléy Ja : Damay fudd yére xale yi.

Demba Saar : Xujja nak ?

Uléy Ja : Dafay raxas ndab yi.

Demba Saar : Kuy jéli xale yi école ?

Uléy Ja : Yow, xanaa !

Demba Saar : Dama jàpp.

Uléy Ja : Kon, ma ñaan sama dëkkandoo bi mu jélaale leen.

Demba Saar : Dinaa leen jéli bu ma jéndalee xar yi ngooñ ba noppi.

Uléy Ja : Mën nga leen joxandi ci cox mi.

Demba Saar : Ganaar yi laa dencal cox mi.

Uléy Ja : Kañ ngay setal ngunu li ?

Demba Saar : Mu ngi ci sama xel.

Uléy Ja : Tàmbali na xeeñ.

Demba Saar : Ndaxam maa ngiy wut ku koy toppatoo.

Uléy Ja : Soose yaa ngiy wut liggéey kër-oo-kër.

Demba Saar : Gisaguma leen.

Uléy Ja : Yaa ngiy fàtte xale yi ; waxtu wi jot na.

COMPRENDRE LE DIALOGUE
SPÉCIFICITÉ CULTURELLE

→ Demba ne veut pas se charger de nettoyer le poulailler car balayer est une tâche qui revient aux femmes. Généralement, ce sont elles qui s'occupent des enfants et des tâches domestiques. Les soins apportés au bétail, aux cultures sont souvent dévolus aux hommes. Mais les choses évoluent ! Même si la répartition des tâches est encore plus effective en milieu rural, dans la conscience collective, tous les sénégalais la conçoivent ainsi. Des hommes travaillant comme domestiques acceptent de balayer, de laver linge et vaisselle, en somme de tout faire. On les appelle encore "boy" comme à l'époque coloniale où ils étaient factotum. De nos jours, avec l'exode rural, les jeunes filles arrivées en ville occupent le terrain, obligeant les garçons à se reconvertir dans des tâches qui requièrent plus d'aptitude physique.

→ Il arrive que des personnes aillent de maison en maison à la recherche de travaux ponctuels à effectuer ou pour entrer au service des propriétaires. À l'approche de la saison des pluies, des saisonniers viennent en ville à cette fin. Parmi eux beaucoup sont issus de l'ethnie Socé.

SPÉCIFICITÉ LINGUISTIQUE

→ Le verbe **paase** qui vient du français a supplanté **fudd** : *repasser*, *s'étirer*, *tendre* (comme se détendre les jambes engourdies).
→ **ndab** désigne chacun des récipients de la cuisine ; chaque assiette, chaque plat, chaque bol est un **ndab** contrairement à vaisselle en français qui désigne un ensemble (assiettes, plats, etc.).

◆ GRAMMAIRE
LES SUFFIXES *-ANDOO* ET *-AALE* POUR EXPRIMER LA SIMULTANÉITÉ

Quand dans le même temps, plusieurs sujets font une chose chacun indépendamment de l'autre, la simultanéité est exprimée par l'ajout du suffixe **-andoo** au verbe comme dans l'énoncé **Kon, ma ñaan sama dëkkandoo bi**. Voici pourquoi **dëkkandoo** signifie *voisin* (qui habite en même temps).

Mais quand un même sujet fait deux actions dans le même moment, la simultanéité est exprimée en ajoutant le suffixe **-aale** au verbe comme dans l'énoncé **[…] mu jélaale leen**. Dans cet énoncé, on comprend que la voisine ramènerait de l'école ses propres enfants et les enfants d'Ouléye.

LE SUFFIXE -ANDI POUR DIRE "EN ATTENDANT"

Le suffixe **-andi** signifie en *attendant*. Sachant que **jox** veut dire *donner*, dans l'énoncé **Mën nga leen joxandi ci cox mi**, **joxandi** signifie *donner en attendant*.

LE SUFFIXE CAUSATIF -AL

Dans **Kañ ngay setal ngunu li ? set** veut dire *propre*. Le suffixe **-al** signifie rendre dans l'état exprimé par le verbe ; c'est un causatif. Ainsi, **setal** signifie *rendre propre*.

COMMENT DIRE "N'AVOIR PAS ENCORE" + VERBE

Pour dire qu'on n'a pas encore fait telle chose, la conjugaison dépendra de la structure de la proposition ;
Si le verbe est le terme le plus important de la proposition, voyez le tableau suivant .
Pour les autres structures en : **a**, **la**, **dafa**, minimal, il faut ajouter **-agul** à toutes les personnes, voyez les autres tableaux.

Le verbe est le terme le plus important :

1re pers. sing.	**Gisaguma …**	*Je n'ai pas encore vu …*
2e pers. sing.	**Gisaguloo …**	*Tu n'as pas encore vu …*
3e pers. sing.	**Gisagul …**	*Il/Elle n'a pas encore vu …*

1re pers. pl.	**Gisagunu …**	*Nous n'avons pas encore vu …*
2e pers. pl.	**Gisaguleen …**	*Vous n'avez pas encore vu …*
3e pers. pl.	**Gisaguñu …**	*Ils/Elles n'ont pas encore vu …*

La structure en **ma** - Le sujet est le terme le plus important :

1re pers. sing.	**Maa gisagul.**	*C'est moi qui n'ai pas encore vu.*
2e pers. sing.	**Yaa gisagul.**	*C'est toi qui n'as pas encore vu.*
3e pers. sing.	**Moo gisagul.**	*C'est lui/elle qui n'a pas encore vu.*

1re pers. pl.	**Noo gisagul.**	*C'est nous qui n'avons pas encore vu.*
2e pers. pl.	**Yeena gisagul.**	*C'est vous qui n'avez pas encore vu.*
3e pers. pl.	**Ñoo gisagul.**	*Ce sont eux/elles qui n'ont pas encore vu.*

La structure en **la** - Le complément est le terme le plus important :

1ʳᵉ pers. sing.	... **laa gisagul.**	*(c'est...que) je n'ai pas encore vu.*
2ᵉ pers. sing.	... **nga gisagul.**	*(c'est...que) tu n'as pas encore vu.*
3ᵉ pers. sing.	... **la gisagul.**	*(c'est...que) il/elle n'a pas encore vu.*

1ʳᵉ pers. pl.	... **lanu gisagul.**	*(c'est...que) nous n'avons pas encore vu.*
2ᵉ pers. pl.	... **ngeen gisagul.**	*(c'est...que) vous n'avez pas encore vu.*
3ᵉ pers. pl.	... **lañu gisagul.**	*(c'est...que) ils/elles n'ont pas encore vu.*

La structure en **dafa** - Explicatif :

1ʳᵉ pers. sing.	**Dama gisagul ...**	*Je n'ai pas encore vu ...*
2ᵉ pers. sing.	**Danga gisagul ...**	*Tu n'as pas encore vu ...*
3ᵉ pers. sing.	**Dafa gisagul ...**	*Il/Elle n'a pas encore vu ...*

1ʳᵉ pers. pl.	**Danu gisagul ...**	*Nous n'avons pas encore vu ...*
2ᵉ pers. pl.	**Dangeen gisagul ...**	*Vous n'avez pas encore vu ...*
3ᵉ pers. pl.	**Dañu gisagul ...**	*Ils/Elles n'ont pas encore vu ...*

La structure en minimal - Narratif ou subordonnée :

1ʳᵉ pers. sing.	**Ma gisagul.**	*Que je n'aie pas encore vu.*
2ᵉ pers. sing.	**Nga gisagul.**	*Que tu n'aies pas encore vu.*
3ᵉ pers. sing.	**Mu gisagul.**	*Qu'il/elle n'ait pas encore vu.*

1ʳᵉ pers. pl.	**Nu gisagul.**	*Que nous n'ayons pas encore vu.*
2ᵉ pers. pl.	**Ngeen gisagul.**	*Que vous n'ayez pas encore vu.*
3ᵉ pers. pl.	**Ñu gisagul.**	*Qu'ils/elles n'aient pas encore vu.*

● VOCABULAIRE

fudd *repasser* (linge)
yére *habit*
raxas *laver*
ndab *récipient de cuisine, vaisselle*
xanaa *bien sûr, certainement*
jàpp *attraper, être occupé, tenir, mémoriser*
jénd *acheter*
xar *mouton*
ngooñ *foin*
cox *son (céréale)*
denc *réserver, garder*
set *propre* ; **setal** *nettoyer*
ngunu *poulailler*
xel *esprit*
tàmbali *commencer, débuter*
xeeñ *sentir, dégager une odeur*
toppatoo *s'occuper de*
kër-oo-kër *de maison en maison*
gis *voir*
fàtte *oublier*

▲ EXERCICES

1. RÉPONDEZ AUX QUESTIONS.

a. Lan la Uléy di def ?

b. Lan la Demba di jéndal xar yi ?

c. Kan mooy jéli xale yi ?

2. RAYEZ LE MOT EN TROP DANS CHACUNE DE CES PHRASES.

a. Dafay raxas fudd ndab yi.

b. Ganaar yi laa dencal cox mi joxandi.

c. Mu ngi ci sama tàmbali xel.

3. ÉCOUTEZ ET COMPLÉTEZ LES PHRASES.

a. Damay .... yére xale yi.

b. Kañ ngay .... ngunu li ?

c. Soose yaa ngiy wut liggéey ....

4. ÉCOUTEZ CHAQUE PHRASE EN FAISANT ATTENTION À L'INTONATION, PUIS RÉPÉTEZ-LA.

a. Looy def ?

b. Xujja nak ?

c. Yow, xanaa !

d. Kañ ngay setal ngunu li ?

14. MEUBLER SON LOGEMENT
DEF AY MEUBLE CI KËR GI

OBJECTIF	NOTIONS
• PARLER DE SA MAISON	• FORMULER L'EXPRESSION "PAS PLUS TARD QUE…" • FORMULER L'EXPRESSION "AVOIR ÉTÉ SUR LE POINT DE…" • COMMENT DIRE "NE PLUS…" • UNE AUTRE VALEUR DU SUFFIXE *-E* • LE PRONOM POSSESSIF *BOS*

MEUBLER SON LOGEMENT

Ouléye Dia : Nous devons chercher un salon neuf…

Demba Sarr : Pas plus tard qu'hier *(hier seulement)*, j'étais sur le point de te le dire *(je suis allé jusqu'à vouloir te le dire)*.

Ouléye Dia : La fête du mouton *(la prière)* n'est plus loin.

Demba Sarr : Tu as remarqué l'état des chaises *(tu as remarqué comme sont les chaises)* ?

Ouléye Dia : Pas une n'est encore en bon état *(aucune n'est plus bonne)*.

Demba Sarr : On ne fabrique plus rien de solide.

Ouléye Dia : Si tu y penses bien, faire fabriquer ici c'est mieux.

Demba Sarr : Et ta chambre à coucher ?

Ouléye Dia : La coiffeuse est passée de mode.

Demba Sarr : Et les pieds du lit ne tiennent plus.

Ouléye Dia : Je prends en charge *(je situe avec moi)* la chambre à coucher.

Demba Sarr : Ah, nooon !

Ouléye Dia : Alors, laisse-moi les boubous de fête des enfants et le tien.

Demba Sarr : Ça marche *(ça a marché)*.

Ouléye Dia : L'armoire peut attendre plus tard *(l'armoire peut attendre jusqu'à devant)*.

Demba Sarr : C'est la vérité.

Ouléye Dia : La table à manger, on peut juste la revernir.

Demba Sarr : Ça, c'est une idée.

DEF AY MEUBLE CI KËR GI

Uléy Ja : War nanu wut salon bu bees…

Demba Saar : Démb rekk, dem naa ba la koy bëgga wax.

Uléy Ja : Julli ji soreetul.

Demba Saar : Seetlu nga ni siis yi mel ?

Uléy Ja : Benn baaxatul.

Demba Saar : Liggéeyatuñu dara lu dëgër.

Uléy Ja : Sooy seetlu sax, defarlu fii moo gën.

Demba Saar : Sa chambre à coucher nak ?

Uléy Ja : Coiffeuse bi dafa xewwi.

Demba Saar : Te tànki lal bi jàppatuñu.

Uléy Ja : Maay féetewoo chambre à coucher bi.

Demba Saar : A dée…déet !

Uléy Ja : Kon, bàyyee ma mbubbi julli xale yi ak sa bos.

Demba Saar : Dox na.

Uléy Ja : Armoire bi mën na xaar ba ci kanam.

Demba Saar : Dëgg la.

Uléy Ja : Table à manger bi, mën nañu ko werniwaat rekk.

Demba Saar : Loolu xalaat la.

■ COMPRENDRE LE DIALOGUE

→ À moins de vouloir faire du néologisme, la plupart des noms de meubles sont empruntés au français. **Lal** *lit* est une exception.

Il y a en wolof un terme générique désignant tout meuble servant à s'asseoir : **toogu**. Il est formé du verbe **toog** (*s'asseoir*) et du suffixe **-ukaay** (*qui sert à…*), réduit à **-u** ici. **Siis** est une déformation du mot *chaise*.

[…] **mën nañu ko werniwaat rekk** *on peut juste la revernir* : **werniwaat** = **werni** *vernir* + **aat** (variante de **-at**) + *seulement*

◆ GRAMMAIRE

POUR DIRE "PAS PLUS TARD QUE…"

Comment construire un énoncé dans lequel *pas plus tard que…* est un complément de temps d'un verbe à l'accompli ? En wolof, il faut juste que le complément de temps soit suivi de **rekk**.

DIRE "AVOIR ÉTÉ SUR LE POINT DE…"

Pour dire *avoir été sur le point de…*, on dit **dem ba** (litt. "aller jusque…").
Dans le dialogue, Demba Saar dit **Démb rekk** *pas plus tard qu'hier*, **dem naa ba la koy bëgga wax** *j'étais sur le point de te le dire*.

COMMENT DIRE "NE PLUS…"

Pour ajouter à un verbe le sens *ne plus…* : verbe + **at** (répétition) + négation + sujet. Regardez la conjugaison un peu plus bas.
Les exemples dans le dialogue :

- **Julli ji soreetul** *La fête du mouton n'est plus loin* : **soreetul** = **sore** "être_loin" + **at** *encore* + **ul** *négation*

- **Benn baaxatul** *pas une n'est encore en bon état* : **baaxatul** = **baax** "être_bon" + **at** *encore* + **ul** *négation*

- **Liggéeyatuñu dara lu dëgër** *On ne fabrique plus rien de solide* : **Liggéeyatuñu** = **liggéey** (*fabriquer*) + **at** *encore* + **u** *négation* + **ñu** *ils*

- **Tànki lal bi tamit jàppatuñu** : **jàppatuñu** = **jàpp** (*attraper*) + **at** *encore* + **u** *négation* + **ñu** *ils*

1ʳᵉ pers. sing.	**Liggéey**atuma.	*Je ne travaille plus.*
2ᵉ pers. sing.	**Liggéey**atuloo.	*Tu ne travailles plus.*
3ᵉ pers. sing.	**Liggéey**atul.	*Il/Elle ne travaille plus.*

1ʳᵉ pers. pl.	**Liggéey**atunu.	*Nous ne travaillons plus.*
2ᵉ pers. pl.	**Liggéey**atuleen.	*Vous ne travaillez plus.*
3ᵉ pers. pl.	**Liggéey**atuñu.	*Ils/Elles ne travaillent plus.*

UN AUTRE SENS DU SUFFIXE -*E*

Vous avez déjà vu que le suffixe **-e** pouvait avoir le sens d'une préposition avec différentes traductions en français. Dans cette leçon, avec l'énoncé **Kon, bàyyee ma mbubbi julli xale yi ak sa bos**, vous rencontrez un cas où il signifie *avec*.
La fusion de **bàyyi** (*laisser*) avec le suffixe **-e** donne **bàyyee** (*laisser avec*).

LE PRONOM POSSESSIF *BOS*

Pour ne pas répéter le nom de ce qui est possédé, on le remplace par le pronom possessif **bos**.
La consonne **b-** varie en fonction :
- de la classe du nom remplacé : **sa bos** *le tien* ; **sa jos** *le tien* ; **sa mos** *le tien*,
- du nombre du nom remplacé : **sa bos** *le tien* ; **sa yos** *les tiens*.
Mais en wolof urbain, **b-** est constant quand le nom remplacé est au singulier.

Possessif	Singulier	Pluriel
1ʳᵉ pers. sing.	**sama bos**	**sama yos**
2ᵉ pers. sing.	**sa bos**	**sa yos**
3ᵉ pers. sing.	**bosam**	**yosam**

1ʳᵉ pers. pl.	**sunu bos**	**sunu yos**
2ᵉ pers. pl.	**seen bos**	**seen yos**
3ᵉ pers. pl.	**seen bos**	**seen yos**

▲ EXERCICES

1. ÉCOUTEZ ET ÉCRIVEZ LES RÉPONSES AUX QUESTIONS.
a. Lan la Uléy ak Demba wara wut ?

b. Naka la siis yi mel ?

c. Kan mooy jénd mbubbi julli xale yi ?

2. RAYEZ LE MOT EN TROP DANS CHACUNE DE CES PHRASES.
a. Julli ji soreetul xalaat.

b. Liggéeyatuñu dara lu dëgër baaxatul.

c. Armoire bos bi mën na xaar ba ci kanam.

3. COMPLÉTEZ LES PHRASES.
a. Démb rekk, ... naa ba la koy bëgga wax.

b. Liggéeyatuñu dara lu ....

c. Sooy .... sax, defarlu fii moo gën.

4. ÉCOUTEZ CHAQUE PHRASE EN FAISANT ATTENTION À L'INTONATION, PUIS RÉPÉTEZ-LA.
a. Seetlu nga ni siis yi mel ?

b. Sa chambre à coucher nak ?

c. A dée… déet !

d. Liggéeyatuñu dara lu dëgër.

● VOCABULAIRE

sore (variante **sori**) *loin*
seetlu *remarquer, observer*
siis *chaise*
mel *ressembler*
dëgër *solide, dur*
defar *fabriquer, arranger*
xewwi *démodé*
tànk *pied, jambe*
lal *lit, étal, étaler*
féetewoo *prendre à sa charge*
bàyyi *laisser*
mbubb *boubou*
dox *marcher*
werni *vernir*

15.
LANCER UNE INVITATION
WOOTE YENDU

OBJECTIFS	NOTIONS
• ANNONCER UN HEUREUX ÉVÈNEMENT	• L'EXPRESSION DE LA TOTALITÉ
• FÉLICITER	• AMBIGUÏTÉ DU SUFFIXE *–AL*
• RÉFRÉNER UNE PERSONNE	• RÉDUCTION DU CONNECTIF
	• LA RÉDUCTION QUALITATIVE D'UN NOM

LANCER UNE INVITATION

Laye Sène annonce à sa mère, Awa Ndour, que son épouse a eu un nouveau-né.

Laye Sène : Astou a accouché.

Awa Ndour : Félicitations ! Qu'est-ce qu'elle a eu ?

Laye Sène : Un garçon.

Awa Ndour : Quand a-t-elle accouché *(quand a-t-elle eu la vie sauve)* ?

Laye Sène : Cette nuit. Tu en feras part à ses amies *(tu en informeras ses amies)*.

Awa Ndour : Elles seront toutes présentes.

Laye Sène : Je m'en vais l'annoncer à ma belle-famille.

Awa Ndour : Qui va nommer le nouveau-né ?

Laye Sène : J'ai invité *(appelé)* mon marabout.

Awa Ndour : Et les gens de la daayira sans doute.

Laye Sène : Tu le sais, bien sûr !

Awa Ndour : Et ceux avec qui tu travailles.

Laye Sène : Tous seront là *(personne ne restera)*.

Awa Ndour : C'est un baptême de premier enfant.

Laye Sène : Tout est entre tes mains.

Awa Ndour : Mon petit-mari, assurément, c'est moi qui vais l'honorer.

Laye Sène : Mais je ne veux pas de gaspillage.

Awa Ndour : Ce ne sont pas tes oignons *(ton chemin n'y est pas)*.

WOOTE YENDU

Laay Seen : Astu wësin na.

Awa Nduur : Ndokkale ! Lu mu am ?

Laay Seen : Góor.

Awa Nduur : Kañ la mucc ?

Laay Seen : Biig. Nanga ko yégal xaritam yi !

Awa Nduur : Ñoom ñépp dinañu teew.

Laay Seen : Maa ngi koy yégali sama goro yi.

Awa Nduur : Kan mooy tudd liir bi ?

Laay Seen : Woo naa sama sériñ.

Awa Nduur : Ak waa daayira bi xanaa ?

Laay Seen : Xam nga ko kat !

Awa Nduur : Ak ñi ngay liggéeyal.

Laay Seen : Kenn du des.

Awa Nduur : Ngénte taaw la.

Laay Seen : Lépp a ngi ci say loxo.

Awa Nduur : Sama njëkkër si kay, maa koy teral.

Laay Seen : Bëgguma nak yàq.

Awa Nduur : Sa yoon nekku ci.

■ COMPRENDRE LE DIALOGUE
SPÉCIFICITÉ CULTURELLE

→ Par le passé, accoucher comportait souvent des risques de survie pour la mère et l'enfant ; alors quand un accouchement se passait bien, on félicitait la personne pour avoir eu la vie sauve en lui disant **ndokk sa bakkan** (litt. "félicitations pour ta vie sauve") ; **bakkan**, *nez*, signifie par métonymie *la vie*. Plus généralement, on dit simplement **ndokkale** *félicitations*.

→ Vous remarquerez que Awa Ndour, pour savoir quel jour sa belle-fille a accouché, demande **kañ la mucc** *quand a-t-elle été sauvée ?*

→ Dans la communauté musulmane au Sénégal, le nom du nouveau-né n'est révélé que le jour du baptême.

→ Les petit-enfants sont les chéris des grands-parents. Un grand-père dirait que sa petite-fille est sa *petite-épouse* ; de même qu'une grand-mère dirait que son petit-fils est son *petit-époux* **njëkkër**. C'est pour cela qu'Awa dit qu'elle va honorer son *petit-mari* en faisant du baptême son affaire à elle.

→ Le baptême du premier enfant entraîne en général beaucoup de frais. Ceci explique que Demba cherche à raisonner sa mère en lui disant par avance **Bëgguma nak yàq** *Mais je ne veux pas de gaspillage*.

SPÉCIFICITÉ LINGUISTIQUE

→ **ndokk** peut aussi signifier *bien fait !* comme approbation ou ironie.
→ **mucc**, qui signifie *être sauvé*, peut avoir le sens *d'avoir accouché*.
→ **goro** désigne toute personne avec qui on a des liens par le mariage, mais de manière plus restrictive **goro bu jigéen** et **goro bu góor** sont les termes pour *belle-mère* et *beau-père*.
→ **des** est la traduction de *rester* mais peut aussi signifier *manquer* (par rapport à une totalité).

◆ GRAMMAIRE

"TOUT" INDÉFINI OU TOTALITÉ D'UN ÉLÉMENT ; "TOUS" TOTALITÉ DE PLUSIEURS ÉLÉMENTS

-épp est la marque de la totalité ; il prend la consonne de classe (singulier ou pluriel) de l'élément concerné (cf. module 5).

Ñoom ñépp dinañu teew.					
ñoom	ñ-	épp	dina	ñu	teew
eux	pluriel	totalité	futur	elles	être présentes

- Au pluriel, la consonne de classe qui accompagne **-épp** est **y-** dans la plupart des cas.
- Au singulier on peut avoir : **lépp** *tout*, **képp** *quiconque*, **fépp** *partout*, **bépp**, etc. selon la classe du nom.

L'AMBIGUÏTÉ DU SUFFIXE *-AL*

Vous avez déjà rencontré le suffixe **-al** au module 8 comme comitatif, au module 12 où il avait le sens de *faire au bénéfice de…* et au module 13 où il avait une valeur de cause. Seul le contexte vous permettra de comprendre ses nuances.
Dans l'énoncé, **Ak ñi ngay liggéeyal**, le suffixe **-al** peut avoir deux interprétations :
- *faire au bénéfice de…* : **Ak ñi ngay liggéeyal** signifierait *ceux pour qui tu travailles*
- *avec* (comitatif) : **Ak ñi ngay liggéeyal** signifierait *ceux avec qui tu travailles*

QUAND LE CONNECTIF *-U* S'EFFACE

Au module 4, vous aviez appris que le connectif **-u** permet d'établir un lien entre deux noms comme dans **ceebu jén** *riz au poisson*. Ici, dans la phrase **Ngénte taaw la** le connectif est omis, cela est dû à la présence de la voyelle finale du mot **ngénte**. En effet, le connectif **-u** s'efface quand il doit s'attacher à une voyelle.

RÉDUIRE LA QUALITÉ D'UN NOM

En français, avec le suffixe **-ette**, on peut opposer *maison/maisonnette*, *savon/savonnette*, etc. En wolof, il faut mettre le nom dans la classe **s-**. Par exemple : **ag kër** *une maison* ; **as kër** *une maisonnette*.
Mais dans beaucoup de cas, ceci entraîne un changement dans la forme du mot. Ainsi, **jëkkër** *mari*, qui appartient à la classe **j-**, devient **njëkkër** *petit-mari* dans la phrase **Sama njëkkër si**.

RÉFRÉNER UNE PERSONNE

Chacun voit midi à sa porte. En français on dit : *ça ne te regarde pas* ; *mêle-toi de tes affaires*, en wolof on dit : **sa yoon nekku ci** littéralement "ton chemin n'y est pas".

1ʳᵉ pers. sing.	**Sama yoon neeku ci.**	*Ça ne me regarde pas.*
2ᵉ pers. sing.	**Sa yoon neeku ci.**	*Ça ne te regarde pas.*
3ᵉ pers. sing.	**Yoonam neeku ci.**	*Ça ne le/la regarde pas.*

1ʳᵉ pers. pl.	**Sunu yoon neeku ci.**	*Ça ne nous regarde pas.*
2ᵉ pers. pl.	**Seen yoon neeku ci.**	*Ça ne vous regarde pas.*
3ᵉ pers. pl.	**Seen yoon neeku ci.**	*Ça ne les regarde pas.*

▲ EXERCICES

1. ÉCRIVEZ LES RÉPONSES.

a. Ku wësin ?

b. Ku ñuy ngénte ?

c. Kañ la Astu mucc ?

2. RAYEZ LE MOT EN TROP DANS CHACUNE DE CES PHRASES.

a. Maa ngi koy yégali sama ñépp goro yi.

b. Kan mooy sériñ tudd liir bi ?

c. Sa teral yoon nekku ci.

3. ÉCOUTEZ ET COMPLÉTEZ LES PHRASES.

a. .... ! Lu mu am ?

b. Ñoom ñépp dinañu ....

c. Sama .... si kay, maa koy teral.

4. ÉCOUTEZ CHAQUE PHRASE EN FAISANT ATTENTION À L'INTONATION, PUIS RÉPÉTEZ-LA.

a. Ndokkale ! Lu mu am ?

b. Biig. Nanga ko yégal xaritam yi !

c. Xam nga ko kat !

d. Sa yoon nekku ci.

VOCABULAIRE

wësin *avoir accouché de*
ndokkale *félicitations, féliciter*
mucc *être sauvé, échapper à*
biig *la nuit dernière*
teew *être présent*
liir *nouveau-né, nourisson*
daayira *association religieuse de voisins de quartier*
des *rester*
ngénte *baptême*
taaw *aîné de la famille*
lépp *tout* (indéfini)
njëkkër (terme affectif) *petit-mari*
yàq *gaspiller, gaspillage, gâter*
yoon *chemin*

III

EN

VILLE

16. S'ORIENTER EN VILLE

XAM SA YOON CI BIIR DËKK BI

OBJECTIFS

- S'ORIENTER
- DEMANDER SON CHEMIN

NOTIONS

- UN SUFFIXE CAUSATIF : *-LOO*
- LA MARQUE DE L'IMPÉRATIF DANS UN ÉNONCÉ AVEC PLUSIEURS VERBES À L'IMPÉRATIF
- LE VERBE *WÓOR*
- L'INCITATIF

QUI A UNE LANGUE NE PEUT PAS SE PERDRE

Laye Diéye : Tu n'arrêtes pas de nous balader *(tu nous fais tourner seulement)*.

Anta Dieng : Tais-toi et suis-moi !

Laye Diéye : Dis que tu nous as égarés !

Anta Dieng : Je n'étais pas venue dans cette ville depuis longtemps.

Laye Diéye : Demandons le chemin !

Anta Dieng : Ah ! C'est là-bas que l'on va se retrouver *(c'est par là-bas que l'on va se rencontrer)*.

Laye Diéye : J'espère que tu en es sûre *(j'espère que cela est sûr pour toi)*.

Anta Dieng : Maintenant, prenons cette ruelle *(maintenant, prenons cette rue mince)*.

Laye Diéye : Cette ruelle inondée ?

Anta Dieng : Nous allons tout droit plus en avant *(nous allons tout droit jusqu'en avant)*.

Laye Diéye : Nous allons marcher dans l'eau ?

Anta Dieng : Nous allons jusqu'au grand arbre là-bas que tu aperçois.

Laye Diéye : Qu'est-ce qu'Omar vient chercher ici ?

Anta Dieng : Il voulait se rapprocher de la gare.

Laye Diéye : C'est ici ?

Anta Dieng : Nous prenons sur notre droite *(nous prenons notre droite)* **maintenant**.

Laye Diéye : Je pense que tu es désorientée.

Anta Dieng : Mais quand on a une langue, on ne s'égare pas *(mais qui a une langue ne s'égare pas)*.

KU AM LÀMMIÑ DU RÉER

Laay Jéy : Yaa ngi nuy wërloo rekk.

Anta Jeŋ : Noppil te topp ma !

Laay Jéy : Waxal ne réeral nga nu !

Anta Jeŋ : Dama géjoona ñów ci dëkk bi.

Laay Jéy : Nanu laajte yoon wi !

Anta Jeŋ : Aa ! Fale lañuy daje.

Laay Jéy : Mbaa wóor na la ?

Anta Jeŋ : Léegi, nanu jél mbedd mu sew mii.

Laay Jéy : Mbedd mu taa mii ?

Anta Jeŋ : Danuy tàllal ba ca kanam.

Laay Jéy : Danuy xuus ci ndox mi ?

Anta Jeŋ : Danuy dem ba ca guy gale ngay séen.

Laay Jéy : Lu Omar di wutsi fii ?

Anta Jeŋ : Dafa bëggoona jégesi gaar bi.

Laay Jéy : Fii la ?

Anta Jeŋ : Danuy jél sunu ndeyjoor léegi.

Laay Jéy : Dama foog ne danga gëlëm.

Anta Jeŋ : Waaye ku am làmmiñ du réer.

■ COMPRENDRE LE DIALOGUE
SPÉCIFICITÉ CULTURELLE

→ Comme vous le savez déjà, les rues des zones périphériques des villes n'ont ni noms ni numéros. Pour indiquer un chemin, on donne un point de repère tel qu'une place connue dans le quartier, un grand arbre, une borne fontaine, l'abri du cordonnier, etc.

→ Paradoxalement, une balade qui a fait "une trotte" en français équivaut à "marcher un peu" en wolof. On n'évaluera pas une distance en termes de mètres mais en nombre de rues/ruelles.

Si on vous dit **yoon wi des na** (litt. "le chemin reste") c'est qu'il y a encore du chemin à parcourir !

→ Le dicton wolof dit : **Ku am làmmiñ du réer** (litt. "qui a une langue ne se perd pas"). Cela signifie que l'on peut toujours interpeller une personne pour demander son chemin. On vous indiquera la route, on vous accompagnera même jusqu'à destination parfois.

SPÉCIFICITÉ LINGUISTIQUE

Du point de vue de la langue, en wolof, on ne fait pas la différence entre marcher dans l'herbe à travers champs ou dans l'eau qui inonde la rue. Dans les deux situations, cela se dit **xuus**. On peut même l'employer pour dire *marcher dans les ténèbres* **xuus ci lëndëm gi**.

◆ GRAMMAIRE
UN SUFFIXE CAUSATIF : *-LOO*

Rappelez-vous au module 13, dans la réplique **Kañ ngay setal ngunu li**, vous aviez rencontré le suffixe causatif **-al** qui signifiait littéralement "causer à être" dans l'état exprimé par un verbe.

Voici un nouveau suffixe causatif **-loo**. Il signifie littéralement "pousser quelqu'un à faire quelque chose". En somme, être l'instigateur de l'action de quelqu'un sans en être l'agent. Ceci explique la traduction *Tu n'arrêtes pas de nous balader* de la phrase **Yaa ngi nuy wërloo rekk** où l'on observe l'association de **wër** (*tourner autour de*) et de **-loo**.

LA MARQUE DE L'IMPÉRATIF DANS UN ÉNONCÉ AVEC PLUSIEURS VERBES À L'IMPÉRATIF

Dans la réplique **Noppil te topp ma !** Les deux verbes sont à l'impératif mais seul le premier prend la marque de l'impératif (**-l**). Vous avez un exemple très souvent employé : au moment de prendre congé, on dit à la personne qui s'en va : **Demal te ñów** et non pas **Demal te ñówal** *pars et viens*.

LE VERBE *WÓOR*

Quand il est employé sans complément d'objet, **wóor** signifie *être fiable, être sans danger, être sûr*.

Quand il prend un complément d'objet, il signifie alors *avoir la certitude, être sûr que, être sûr de, être certain pour quelqu'un*.

Quelques exemples d'emploi du verbe **wóor** :

sans complément		avec complément	
Omar wóor na.	Omar est fiable.	**Wóor na la ?**	C'est sûr pour toi ? (En as-tu la certitude ?)
Mbedd mii wóor na.	Cette rue est sans danger.	**Wóor na Omar.**	C'est sûr pour Omar. (Omar en a la certitude.)
		Wóor na ma ne danu réer.	C'est sûr pour moi que nous nous sommes égarés. (Je suis sûr que nous nous sommes égarés.)

L'INCITATIF

Vous avez déjà appris au module 6 qu'un énoncé incitatif suggère ce qu'il faut faire. Il est introduit par le terme **na** placé en tête de proposition : **Nanga def sa liggéey** *Tu feras ton travail* (litt. "Il faudra que tu fasses ton travail") !

La première personne de l'incitatif vient pallier le système défectif de la conjugaison de l'impératif. Ex. **Nanu dem** *Partons !*

⚠ EXERCICES

🔊 1. ÉCOUTEZ ET ÉCRIVEZ LES RÉPONSES AUX QUESTIONS.
17
a. Fan la Laay Jéy ak Anta Jeŋ di dem ?

b. Mbedd man la Laay ak Anta di jél ?

c. Lan la Laay foog ?

2. RAYEZ LE MOT EN TROP DANS CHACUNE DE CES PHRASES.
a. Yaa ngi nuy wërloo rekk yow.

b. Danuy tàllal ba ca kanam yoon.

c. Dafa bëggoona jégesi wutsi gaar bi.

🔊 3. ÉCOUTEZ ET COMPLÉTEZ LES PHRASES.
17
a. Noppil te .... ma !

b. Aa ! Fale lanuy ....

c. Waaye ku am .... du réer.

4. METTEZ LES PHRASES SUIVANTES AU MODE INCITATIF, À LA PERSONNE INDIQUÉE ET TRADUISEZ.
a. (3ᵉ pers. sing.) Noppil te topp ma !

b. (1ʳᵉ pers. sing.) Danuy tàllal ba ca kanam.

c. (2ᵉ pers. pl.) Danuy dem ba ca guy gale ngay séen.

● VOCABULAIRE

làmmiñ (variante **làmmeñ**) *langue*
réer *s'égarer, se perdre, être égaré, être perdu*
wërloo *faire faire le tour*
topp *suivre*
laajte *demander* (sous-entendu à quelqu'un)
daje *rencontrer, se rencontrer, se retrouver*
wóor *être sûr, être fiable, être sans danger, avoir la certitude*
mbedd *rue, ruelle*
sew *être étroit, être mince*
taa *inondé, (avoir de) l'eau stagnante*
tàllal *aller tout droit*
xuus *marcher dans l'eau, dans l'herbe, dans les ténèbres*
guy *grand arbre, baobab*
séen *apercevoir*
wutsi *venir chercher*
jégesi *se rapprocher* (**jége** *être proche*)
gaar *gare ferroviaire*
foog *penser (que)*
gëlëm *être désorienté*

17. EN VILLE

CI BIIR DËKK BI

OBJECTIFS

- CONNAÎTRE LES DIFFÉRENTS MOYENS DE TRANSPORTS URBAINS

NOTIONS

- EMPLOI RESTREINT DE LA CONJONCTION *NE*
- SENS ET EMPLOIS DE LA CONJONCTION *TE*
- PHRASE EXCLAMATIVE AVEC *NI*
- LES NOMBRES
- L'ARGENT

ALLONS EN VILLE

Ngagne Thiam : Je crains que nous rations le train *(je crains que le train nous dépassera)*.

Fama Bakhoum : Les cars sont là, les taxis sont là.

Ngagne Thiam : Si cela te plaît, tu peux prendre un jakarta.

Fama Bakhoum : [Un] jakarta ? L'idée ne me viendrait même pas *(je ne pense à ça)*.

Ngagne Thiam : Et les taxis-clandos ?

Fama Bakhoum : Alors que les bus Dakar Aller-Venir sont là ?

Ngagne Thiam : Que dirais-tu de négocier un taxi ?

Fama Bakhoum : Jusqu'à Rufisque ?

Ngagne Thiam : Pourquoi pas *(qu'est-ce qui empêche)* ?

Fama Bakhoum : C'est toi qui paies sans doute ?

Ngagne Thiam : Comme tu es pingre !

Fama Bakhoum : Ce n'est pas cela ; je suis fauchée ces temps-ci.

Ngagne Thiam : Le billet *(la passe)* pour Rufisque, c'est combien par le train ?

Fama Bakhoum : Cela ne doit pas faire plus de *(cela ne doit pas dépasser)* 1500 francs CFA.

Ngagne Thiam : Si nous mettons 3000 francs CFA chacun, nous aurons un taxi.

Fama Bakhoum : Prenons un bus Njaga-Njaay *(prenons Njaga-Njaay)* !

Ngagne Thiam : Jamais de la vie *(jamais dans le monde)* !

Fama Bakhoum : Ils sont rapides et ils ne sont pas chers… Mais nous ne sommes pas certains d'arriver.

NANU DEM DËKK BA

Ngañ Caam : Ragal naa ne saxaar dina nu raw.

Faama Baaxum : Kaar yaa ngi fi, taksi yaa ngi fi.

Ngañ Caam : Su la neexee, mën nga jél jakartaa.

Faama Baaxum : Jakartaa ? Xalaatuma ko.

Ngañ Caam : Clando yi nak ?

Faama Baaxum : Te Dakar dem-dikk yi nekk fi ?

Ngañ Caam : Loo wax ci waxaale taksi ?

Faama Baaxum : Ba Tëngéej ?

Ngañ Caam : Lu tere ?

Faama Baaxum : Xanaa yaay fey ?

Ngañ Caam : Ni nga naye !

Faama Baaxum : Du loolu ; dama bank jamano yii.

Ngañ Caam : Paasu Tëngéej, ñaata la ci saxaar ?

Faama Baaxum : Warula weesu ñetti téeméer.

Ngañ Caam : Su nu defee juróom benni téeméer ku nekk, dinanu am taksi.

Faama Baaxum : Nanu jél Njaga-Njaay !

Ngañ Caam : Mukk ci àdduna !

Faama Baaxum : Gaaw nañu te seeruñu...
Waaye wóorul ne dinanu àgg.

■ COMPRENDRE LE DIALOGUE
SPÉCIFICITÉ CULTURELLE

→ La plupart des taxis ne roulent pas au compteur (autant dire aucun). Le prix d'une course se négocie au départ. Le montant à payer augmente souvent pendant la première semaine du mois parce que les passagers ont reçu leurs salaires, les jours de fête, quand un endroit n'est pas très fréquenté par les taxis à cause de l'état des routes, quand il pleut, tard le soir pour des raisons de sécurité… Choisissez bien votre moment !

→ Les bus **Njaga-Njaay** sont les autocars qui, à l'origine, appartenaient à une personne du nom de **Ndiaga Ndiaye**. Ils étaient peints en blanc et étaient souvent impliqués dans des accidents de la route. Aujourd'hui, tous les bus blancs ne sont pas des **Njaga-Njaay** et ils ne sont plus les seuls impliqués dans des accidents de la route.

SPÉCIFICITÉ LINGUISTIQUE

→ **saxaar** (*fumée*) est le terme qui désigne *le train à vapeur* souvenir de la fumée dégagée par les anciens trains au charbon.
→ **mukk** (*jamais*), contrairement au français, a toujours une valeur de négation. Il signifie : *à aucun moment*.

 GRAMMAIRE
EMPLOI RESTREINT DE LA CONJONCTION *NE*

La conjonction **ne** s'emploie avec quelques verbes seulement.
Dans ce dialogue, elle fonctionne avec **ragal** (*craindre*) dans la phrase **Ragal naa ne saxaar dina nu raw** (*Je crains que nous rations le train*) mais ne fonctionnerait pas avec **bëgg** (*vouloir*) comme dans **Dama bëgg Faama dem** *Je veux que Fama parte.*

Je	veux	que	Fama	parte.
Dama	**bëgg**	absence de conjonction	**Faama**	**dem.**

Voici les verbes compatibles avec la conjonction **ne** :
ragal *craindre* ; **xam** *savoir* ; **yaakaar** *espèrer* ; **gis** *voir* ; **seetlu** *remarquer* ; **yég** *apprendre (une nouvelle)* ; **dégg** *ouï-dire* ; **fàtte** *oublier* ; **fàttaliku** *se souvenir* ; **fàttali** *rappeler* ; **bind** *écrire* ; **wax** *dire* ; **yéene** *annoncer* ; **jàpp** *considérer* ; **foog** *penser* ; **defe** *penser* ; **xalaat** *penser* ; **njort** *penser*.

Les quatre derniers verbes sont des synonymes mais se distinguent les uns des autres par :
- la syntaxe : trois d'entre eux sont transitifs et intransitifs. Les quatre sont compatibles avec la conjonction **ne** (*que*),
- la catégorie grammaticale : **xalaat** et **njort** sont aussi bien des verbes que des noms,
- la sémantique : ce sont des synonymes. Vous remarquerez qu'on peut traduire **foog** et **defe** par *croire* mais qu'on ne peut pas le faire avec **xalaat** et **njort**.
Particularité : **xalaat** (et lui seul) a le sens de *réfléchir*.

SENS ET EMPLOIS DE LA CONJONCTION *TE*

La conjonction **te** peut introduire une subordination entre deux propositions.
Quand Fama réplique **Te Dakar dem-dikk yi nekk fi** *Alors que les bus Dakar Aller-Venir sont là ?* on comprend que la phrase complète serait **Jél clando [te] Dakar dem-dikk yi nekk fi** *Prendre un taxi-clando [alors que] les bus Dakar Aller-Venir sont là ?*
Elle peut aussi servir à coordonner deux propositions comme dans cette autre réplique de Faama : **Gaaw nañu te seeruñu** *Ils sont rapides et ils ne sont pas chers*.

ÉNONCÉ EXCLAMATIF AVEC *NI*

Ni, adverbe de comparaison, apparaît aussi dans des énoncés exclamatifs comme dans la réplique de Ngagne Thiam **Ni nga naye !** On peut le traduire par : *comme* ; *que* ; *qu'est-ce que* ; *combien…*

LES NOMBRES

Pour compter en wolof, vous avez besoin de retenir 9 termes dont 5 pour les unités, 1 pour les dizaines, 1 pour les centaines et 1 pour les milliers.

unités	tus 0	benn 1	ñaar 2	ñett 3	ñent 4	juróom 5
		juróom benn 6	juróom ñaar 7	juróom ñett 8	juróom ñent 9	
dizaines	fukk 10	fukk ak benn 11	fukk ak ñaar 12	fukk ak ñett 13	fukk ak ñent 14	fukk ak juróom 15
		fukk ak juróom benn 16	fukk ak juróom ñaar 17	fukk ak juróom ñett 18	fukk ak juróom ñent 19	
multi-plier			ñaar fukk 20	ñett fukk (fanweer) 30	ñent fukk 40	Juróom-fukk 50
		juróom benn fukk 60	juróom ñaar 70	juróom ñett 80	juróom ñent 90	
cen-taines	téeméer 100					
milliers	junni 1000					

L'ARGENT

Quand il s'agit d'argent, l'unité de base est la pièce de *5 francs CFA* (**dërëm**). Donc :
- **ñaari dërëm** (deux pièces de **dërëm**) veut dire *10 francs CFA,*
- **fukki dërëm** (dix pièces de **dërëm**) veut dire *50 francs CFA,*
- **téeméeri dërëm** (cent pièces de **dërëm**) veut dire *500 francs CFA,*
- **junni** (**dërëm**) (mille pièces de **dërëm**) veut dire *5000 francs CFA.*

Ainsi, **ñetti-téeméer** *trois cents* (en nombre) mais *mille cinq cents* (en argent), **juróom-benni-téeméer** *six cents* (en nombre) mais *trois mille* (en argent).

Le **i** qui apparaît sur **ñaari**, **fukki**, et **téeméeri** est la marque du pluriel pour **dërëm**. Souvent, le locuteur omet le terme **dërëm**. En situation, on dirait **junni** tout simplement.

VOCABULAIRE

jakartaa nom donné aux véhicules deux roues qui servent de taxi (mieux vaudrait les éviter).
ragal *craindre, avoir peur*
saxaar *train, fumée*
kaar *autocar, car*
waxaale *marchander, négocier*
Tëngéej *Rufisque* (ville à une vingtaine de km. de Dakar)
tere *empêcher, interdire*
ni *comme, que, qu'est-ce que, combien*
nay *pingre, radin, avare*
bank *fauché, être sans argent*
paas *argent pour le transport, l'entrée à un spectacle, billet, ticket, passe*
weesu *dépasser*
ñetti-téeméer *mille cinq cent*s (en argent) ; *trois cent*s (en nombre)
ñett *trois*
téeméer *cent* (en nombre) ; *cinq cents* (en argent)
juróom-benni-téeméer *trois mille* (en argent) ; *six cent*s (en nombre)
juróom *cinq*
ku nekk *chacun*
mukk *jamais*
àdduna *monde*
gaaw *rapide*
seer *cher*

▲ EXERCICES

1. ÉCOUTEZ ET ÉCRIVEZ LES RÉPONSES AUX QUESTIONS.

a. Lan la Ngañ Caam ragal ?

b. Fan la ñoom Faama bëgga dem ?

c. Ndax Ngañ Caam bëgg na jél jakartaa ?

2. PLACEZ UN TRAIT D'UNION ENTRE LES COMPOSANTS DES MOTS SUIVANTS. ATTENTION AUX INTRUS !

a. neexee

b. jakartaa

c. xalaatuma

d. nañu

e. xamoon

3. ÉCOUTEZ ET COMPLÉTEZ LES PHRASES.

a. Ragal naa ne saxaar dina nu ....

b. Du loolu ; dama .... jamano yii.

c. Warula .... ñetti téeméer.

4. TRADUISEZ CES PHRASES.

a. Nous savions que tu ne viendrais pas.

b. Je ne bois pas de coca alors qu'il y a du jus de pomme.

c. Qu'est-ce qu'il est gentil !

18. CIRCULATION EN VILLE

CIRCULATION BI CI DËKK BI

OBJECTIFS	NOTIONS
• NÉGOCIER AVEC UN AGENT DE LA POLICE ROUTIÈRE	• DES EMPRUNTS SOUMIS À LA STRUCTURE DE LA LANGUE WOLOF • QUEL PRONOM POUR L'INDÉFINI ? • "NON" DE NÉGATION AVEC SENS DE DÉSAPPROBATION • LA LOCUTION "EN PERSONNE"/"SOI-MÊME" EN WOLOF

LES CONDUCTEURS ET LA POLICE ROUTIÈRE

Gendarme : Bonjour !

Fali Kébé : Bonjour !

Gendarme : Carte grise, assurance, permis de… .

Fali Kébé : Madame, j'ai oublié mes papiers à la maison.

Gendarme : Que me dites-vous *(tu m'as dit quoi)* ?

Fali Kébé : J'ai…

Gendarme : Garez-vous bien à droite *(droite-toi bien)* !

Fali Kébé : Attendez un peu, je vais appeler, on va me les apporter *(j'appelle, on me les apporte)* !

Gendarme : Descendez de la voiture !

Fali Kébé : Madame, ne procédez pas comme cela *(ne faites pas marcher comme ça)* !

Gendarme : Remettez-moi la clé !

Fali Kébé : Pas ça, je vous en supplie, ma sœur *(non, mon amie, ma sœur)* !

Gendarme : Tenez ce papier, demain, vous irez à la brigade de gendarmerie !

Fali Kébé : Et ma voiture ?

Gendarme : Elle va en fourrière *(c'est en fourrière qu'elle part)*.

Fali Kébé : Mon amie, aidez-moi, gentille dame *(amie, aidez-moi, gentille la)*.

Gendarme : Qui est le propriétaire de la voiture ?

Fali Kébé : Moi en personne.

Gendarme : C'est une jolie voiture… mais vous devriez la laver !

19 DAWALKAT YI AK SAANDARM YI

Saandarm : Salaam aalekum.

Faali Kebe : Aalekum salaam.

Saandarm : Kartaagiris, assurance, permis de… .

Faali Kebe : Madame, dama fàtte samay kayit ca kër ga.

Saandarm : Nga ne ma lan ?

Faali Kebe : Dama… .

Saandarm : Durwaateel bu baax !

Faali Kebe : Xaaral tuuti, ma woote, ñu indil ma leen !

Saandarm : Wàccal woto bi !

Faali Kebe : Soxna si, bul doxale noonu !

Saandarm : Jox ma caabi ji !

Faali Kebe : Déet waay, sama jigéen !

Saandarm : Am kayit gii, suba, nga dem Birigaad !

Faali Kebe : Sama woto nak ?

Saandarm : Fourrière la jëm.

Faali Kebe : Waay, dimbali ma, ku baax ki !

Saandarm : Kuy boroom woto bi ?

Faali Kebe : Man ci sama bopp.

Saandarm : Woto bu rafet la… waaye war nga ko raxas !

■ COMPRENDRE LE DIALOGUE

SPÉCIFICITÉ CULTURELLE

→ Il faut penser que la tradition de l'oralité prédispose le Sénégalais au dialogue, à la négociation dans toutes les situations. Un dicton wolof dit **Réeroo amul, ñàkka waxtaan a am** (litt. "Le malentendu n'existe pas, le mal est de ne pas discuter"). Fali n'y échappe pas, il va tenter de dissuader la gendarme de terminer la procédure entamée.

→ Fali cherche à amadouer la gendarme inflexible : après l'avoir appelée **madame**, il va l'appeler **soxna si** (titre de respect) puis **sama jigéen** (*ma sœur*) presque de la corruption sentimale. Mais, il n'a pas pris le risque de soudoyer la gendarme car même si, hélas, c'est monnaie courante, il n'est pas prudent d'en prendre l'initiative.

→ Quand on voit le nombre de guimbardes qui circulent dans Dakar, on se demande comment certaines voitures peuvent être autorisées à rouler. On comprend la sévérité de cette gendarme quand on sait que certains prennent le risque de prendre leurs voitures sans assurance, sans avoir fait de contrôle technique et même sans permis de conduire dans la perspective de soudoyer l'agent qui les arrêterait.

SPÉCIFICITÉ LINGUISTIQUE

On entend des gendarmes dire **kartaagiris** pour *carte grise*. C'est probablement dû à la séquence de 4 consonnes (**…rtgrise**) qui est difficilement prononçable en wolof sans l'ajout du **aa** et du **i**.
On a deux autres exemples dans le dialogue : **Durwaateel** (**durwaat** vient de *droite*) ; **birigaad** pour *brigade*.

GRAMMAIRE

DES EMPRUNTS SOUMIS À LA STRUCTURE DE LA LANGUE WOLOF

Il y a des séquences de consonnes qu'on ne trouve pas dans les racines des mots wolofs. Dans les exemples du dialogue, on trouve la combinaison **rt** mais pas **gr/dr/br**. Dans les cas de séquences improbables, une voyelle est insérée entre les consonnes. Voici comment on en arrive à **kartaagiris**, **birigaad** ou **durwaate**.
Si vous ne l'aviez pas remarqué, le verbe **durwaate** (*se ranger à droite*) vient du français *droit* par analogie avec les verbes du 1er groupe de la conjugaison française. Notez bien que seule la forme phonétique (le son) de la terminaison a été pertinente.
durwaat + er = durwaate prononcé [dourwaaté]

QUEL PRONOM POUR L'INDÉFINI ?

Vous connaissez maintenant les pronoms sujets : **ma**, **nga**, **ya**, **mu**, **nu**, **ngeen**, **yeen**, **ñu** (cf. module 6).

En wolof, le pronom de la 3e personne du pluriel **ñu** peut prendre le statut de pronom indéfini *on*. Par exemple dans la réplique de Faali : **Xaaral tuuti, ma woote, ñu indil ma leen !** *Attendez un peu, je vais appeler, on va me les apporter !*

"NON" DE NÉGATION AVEC SENS DE DÉSAPPROBATION

Vous saviez dire **waaw** (*oui*), mais parfois, on a besoin de dire **déedéet** (*non*). L'adverbe de négation **déedéet** peut être réduit à **déet** quand le locuteur veut faire arrêter net une action à son début.

Quand Fali se voit invité à remettre sa clé de voiture par le gendarme, il la supplie immédiatement : **Déet waay, sama jigéen !** (litt. "Non, mon amie, ma sœur") *Pas ça, je vous en supplie, ma sœur !*

"EN PERSONNE" / "SOI-MÊME"

La locution **ci sama bopp** (litt. "par ma tête") veut dire : *en personne, soi-même*. Le possessif **sama** varie en fonction de la personne. Voyez le tableau ci-dessous et le module 5 pour rappel.

Man ci sama bopp.	*Moi en personne.*
Yow ci sa bopp.	*Toi en personne.*
Moom ci boppam.	*Lui/Elle en personne.*
Nun ci sunu bopp.	*Nous en personne.*
Yeen ci seen bopp.	*Vous en personne.*
Ñoom ci seen bopp.	*Eux/Elles en personne.*

▲ EXERCICES

🔊 1. ÉCOUTEZ ET ÉCRIVEZ LES RÉPONSES AUX QUESTIONS.

a. Yan kayit la saandarm bi laaj dawalkat bi ?

b. Lan la saandarm bi jox dawalkat bi ?

c. Fan la saandarm bi bëgga yóbbu woto bi ?

2. TRADUISEZ CES PHRASES

a. On a dit qu'il a oublié ses papiers.

b. On lui a remis un papier.

c. On apporte la voiture à la fourrière.

3. COMPLÉTEZ LES PHRASES.

a. Nga ne ma .... ?

b. Soxna si, bul .... noonu !

c. Waay, ... ma, ku baax ki !

🔊 4. ÉCOUTEZ CHAQUE PHRASE EN FAISANT ATTENTION À L'INTONATION, PUIS RÉPÉTEZ-LA.

a. Soxna si, bul doxale noonu !

b. Déet waay, sama jigéen !

c. Sama woto nak ?

d. Man ci sama bopp.

● VOCABULAIRE

dawal *conduire*
dawalkat *conducteur*
woto *voiture*
saandarm *gendarme*
kartaagiris *carte grise*
ma *je, moi, me*
durwaate *se garer à droite*
woote *appeler*
indi (variante **ëndi**) *apporter*
doxal *faire marcher, procéder, organiser*
noonu *comme cela, ainsi*
caabi *clé*
waay *ami, individu, pote, copain*
birigaad *brigade*
jëm *partir*
dimbali *aider*
ci sama bopp *en personne, soi-même*

19.
LES COURSES
DUGGI

OBJECTIFS	NOTIONS

- **FAIRE LES COURSES AU MARCHÉ**
- **DISCUTER AVEC LES MARCHANDS**
- **MARCHANDER**

- **RAPPEL DE LA RÈGLE DE L'EFFACEMENT DE L'IMPÉRATIF**
- **L'INTERROGATION AVEC *XANAA***
- **UNE AUTRE NUANCE AVEC LE SUFFIXE *-E***
- **L'ADVERBE D'INTENSITÉ SPÉCIFIQUE À UN VERBE**

ALLER AU MARCHE

Rougui Kâ : Tonton, le poisson sec est à combien le kilo *(tonton, le poisson sec le kilo, c'est combien)* ?

Marchand : Deux mille trois cents francs.

Rougui Kâ : Baissez le prix *(diminuez)* !

Marchand : C'est du congre séché, ma fille.

Rougui Kâ : Pesez-moi des aubergines et des carottes, une livre de chaque !

Marchand : Voyez les beaux navets !

Rougui Kâ : Donnez-m'en avec du gombo, une demi livre de chaque !

Marchand : N'auriez-vous pas besoin d'oignons ?

Rougui Kâ : Si, avec de l'ail, du poivre et du piment.

Marchand : Vous avez du bouillon cube ?

Rougui Kâ : Par où se trouvent les étals de poissons ?

Marchand : Tournez à ce tas d'ordures là-bas, vous les apercevrez.

Rougui Kâ : Et le mérou ?

Marchand : Darne ou queue ?

Rougui Kâ : Mettez-moi ces deux darnes-ci et cette tête-là.

Marchand : Prenez quelques sardines, ça relève la préparation *(ça épice la marmite)*.

Rougui Kâ : Pouvez-vous les écailler ?

Marchand : Très vite et nickel chrome *(très vite et extrêmement propre)*.

DEM MARSE

Ruggi Ka : Tonton, géjj gi, kilo bi, ñaata la ?

Jaaykat : Ñenti téeméer ak juróom-benn fukk.

Ruggi Ka : Wàññil !

Jaaykat : Géjju koŋ la, sama doom.

Ruggi Ka : Nattal ma ci batañse bi ak karoot bi, liibar bu ci nekk !

Jaaykat : Seetal nawe bu rafet bi !

Ruggi Ka : Jox ma ci ak ci kànja bi, genn-wàllu liibar bu ci nekk !

Jaaykat : Soxlawuloo soble xanaa ?

Ruggi Ka : Axakay, ak laaj, ak poobar ak kaani.

Jaaykat : Am nga kib masi ?

Ruggi Ka : Fan la lali jén yi nekke ?

Jaaykat : Jàddal ca jalu mbalit bale, dinga leen séen.

Ruggi Ka : Coof wi nak ?

Jaaykat : Tëll am geen ?

Ruggi Ka : Defal ma ñaari tëll yii ak bopp bale !

Jaaykat : Jélal ci yaboy bi ! Dafay safal cin.

Ruggi Ka : Man nga leen waas ?

Jaaykat : Bu gaaw-a-gaaw te set wecc.

■ COMPRENDRE LE DIALOGUE
SPÉCIFICITÉ CULTURELLE

→ Sans qu'il n'y ait aucun lien de parenté, par politesse, beaucoup de jeunes interpellent les personnes âgées par les termes français "père", "mère", "tonton", "tante", etc. Les personnes âgées, à l'inverse disent **sama doom** *mon enfant*.
→ Négocier le prix d'une marchandise se fait systématiquement quand il ne s'agit pas de prix étiqueté et encore… Des acheteurs proposent même la moitié du prix réclamé par le vendeur. Ça passe ou ça casse.

SPÉCIFICITÉ LINGUISTIQUE

Des mots français (et autres) sont entrés dans la langue wolof mais le locuteur lambda n'a pas conscience de leur origine. Dans ce module, vous avez : **koŋ** *congre* ; **liibar** *"la" livre* ; **karoot** *carotte* ; **nawe** *navet* ; **laaj** *ail* ; **poobar** *poivre* ; **kib** *cube* ; **massi maggi** (la marque) ; **kilo** *kilo*.

◆ GRAMMAIRE
RAPPEL DE LA RÈGLE DE L'EFFACEMENT DE L'IMPÉRATIF

Dans **wàññil** : **seetal nawe bu bees bi** ; **jàddal ca jalu mbalit bale** ; **jélal ci yaboy bi**, la marque **-l** ou **-al** de l'impératif n'est pas effacée. En effet, elle n'est pas suivie de pronom.

Dans **jox ma**, la marque de l'impératif est effacée à cause de la présence du pronom **ma**. Dans **defal ma ñaari tëll …** et **nattal ma ci batañse bi**, **-al** signifie *faire dans l'intérêt d'une personne* (cf. module 12). Le **-al** de l'impératif s'est effacé à cause de la présence du pronom **ma** ; autrement, on aurait eu **defalal ma ñaari tëll … / nattalal ma ci batañse bi**.

Remarque : si on comparait **jélal ci yaboy bi** (*prennez des sardines*) et **jél ci** (*prennez-en*), on constaterait que dans le premier énoncé **-al** reste parce que **ci** est une préposition alors que dans le deuxième énoncé **-al** est effacé parce que **ci** est un pronom.

Attention, dans l'énoncé **Dafay safal cin**, le suffixe **-al** est un causatif (cf. module 13).

L'INTERROGATION AVEC *XANAA*

Le mot interrogatif **xanaa** (litt. "Est-ce que par hasard ?") ; *serait-ce que* (qui peut aussi signifier : *sans doute, probablement*) peut par ailleurs servir de forme de politesse.

Le vendeur demande à Ruggi : **Soxlawuloo soble xanaa ?** *N'auriez-vous pas besoin d'oignons ?* sous entendu *par hasard* la même phrase sans **xanaa**, ce serait simplement : *N'avez-vous pas besoin d'oignons ?*

UNE PETITE NUANCE AVEC LE SUFFIXE *-E (FAN LA NEKKE)*

Après les emplois du suffixe **-e** dans les modules 8, 10, 11, 12 et 14 voici une autre valeur de ce suffixe dans l'énoncé **Fan la nekke ?**

Nekk signifie *être* ou *se trouver*. Donc, **Fan la lali jén yi nekk ?** veut dire *Où se trouvent les étals de poissons ?* Mais ça, Rougi le sait. Elle veut savoir à quel endroit précis du marché se trouvent les étals de poissons. Alors, elle a ajouté le suffixe **-e** au verbe pour donner le sens de *à quel endroit de tel lieu se trouve…*

L'ADVERBE D'INTENSITÉ SPÉCIFIQUE À UN VERBE

En wolof, l'intensité d'un verbe d'état (ou adjectif en français) est indiquée par :
- une réduplication du verbe : **gaaw** *rapide* = **gaaw-a-gaaw** *très rapide*,
- un adverbe d'intensité qui lui est spécifique : **set** *propre* ; **wecc** *extrêmement* = **set wecc** *extrêmement propre*,
- l'adverbe d'intensité spécifique à un verbe ne s'applique qu'à ce dernier et à nul autre. Il peut toujours être traduit par *extrêmement*.

Quelques exemples courants :

verbes d'état	adverbes		adjectifs
weex	**tàll**	*extrêmement*	*blanc*
ñuul	**kuk**	*extrêmement*	*noir*
sedd	**guy**	*extrêmement*	*froid*
tàng	**jér**	*extrêmement*	*chaud*
forox	**tol**	*extrêmement*	*acidulé*
wex	**xat**	*extrêmement*	*amer*
dëgër	**këŋ**	*extrêmement*	*dur*
nooy	**nepp**	*extrêmement*	*tendre, mou*
sew	**ruuj**	*extrêmement*	*mince*
suur	**këll**	*extrêmement*	*rassasié*
bees	**tàq**	*flambant*	*neuf*
tooy	**xep**	*extrêmement*	*mouillé*
wow	**koŋ**	*extrêmement*	*sec*

▲ EXERCICES

1. LISEZ LES RÉPONSES ET RELIEZ-LES AUX QUESTIONS.

a. Coof la.   •   • 1. Ban géjj la jaaykat bi am ?

b. Jaaykat bi.   •   • 2. Ban jén la Ruggi bëgga jénd ?

c. Bu koŋ.   •   • 3. Kan mooy waas jén yi ?

2. QUEL EST LE MOT INTRUS DANS CHACUNE DE CES PHRASES ?

a. Seetal ko nawe bu rafet bi.

b. Soxlawuloo soble ak xanaa ?

c. Man nga leen waas tëll ?

3. ÉCOUTEZ CHAQUE PHRASE ET COMPLÉTEZ.

a. Tonton, géjj gi, kilo bi, ... la ?

b. Fan la .... jén yi nekke ?

c. Bu gaaw-a-gaaw te set ....

4. TRADUISEZ LES PHRASES SUIVANTES.

a. Donne la clé au gendarme et écris ton nom ici.

b. Écris-moi ton nom.

c. Prépare-moi du riz.

d. Jaay ma jén.

e. Joxal Omar caabi ji.

f. Toggalal Omar ceeb.

● VOCABULAIRE

duggi *aller faire les courses*
géjj *poisson séché*
kilo *kilogramme*
jaay *vendre*
jaaykat *marchand(e), vendeur(se)*
ñent *quatre*
benn *un* (numéral)
koŋ *congre* (variété de poisson)
natt *mesurer, peser*
batañse *aubergine*
karoot *carotte*
liibar *(la) livre* (le poids)
bu ci nekk *chaque*
nawe *navet*
kànja *gombo*
genn-wàll *moitié, demi*
soble *oignon*
axakay *si* (affirmation)
laaj *ail*
poobar *poivre*
kaani *piment*
kib *cube*
masi *maggi* (bouillon)
jén *poisson*
jal *tas, amoncellement*
mbalit *ordure*
coof *mérou*
tëll *darne*
geen *queue*
yaboy *sardine*
safal *relever le goût*
cin *marmite*
man (variante **mën**) *pouvoir*
waas *écailler*
wecc *extrêmement (propre)*

20.
AU GRAND MAGASIN
CI BITIK BU MAG BI

OBJECTIFS

- CHOISIR DES VÊTEMENTS ET DES CHAUSSURES
- APPRENDRE LES COULEURS

NOTIONS

- *LAN* OU SA VARIANTE *LU*
- LE PRONOM RELATIF
- LE COMITATIF (OU ACCOMPAGNEMENT) *-AL*
- L'ARTICLE REPRÉSENTANT UN NOM SOUS-ENTENDU

ACHETER DES VÊTEMENTS

Vendeur : Bonjour, mademoiselle !

Jeune fille : Comment allez-vous *(comment avez-vous fait)* ?

Vendeur : Bravo ! Vous parlez wolof ? De quoi auriez-vous besoin ?

Jeune fille : Je cherche un jean délavé.

Vendeur : Quelle taille faites-vous *(que portez-vous)* ?

Jeune fille : 38/40

Vendeur : Essayez ce bleu *(mesurez ce bleu)*.

Jeune fille : Avez-vous un haut avec lequel il puisse aller *(as-tu un haut qu'il peut aller avec)* ?

Vendeur : Quelle couleur ?

Jeune fille : Un débardeur vert ou blanc.

Vendeur : Celui que vous avez posé sur vous vous va.

Jeune fille : Avez-vous des hauts talons noirs *(avez-vous des chaussures hautes)* ?

Vendeur : Suivez-moi ! J'en ai de chics *(j'ai qui sont civilisés)* au 1er étage.

Jeune fille : Celles-ci me plaisent mais elles ne m'iront pas *(celle-ci me plaît mais elle ne m'atteindra pas)*.

Vendeur : Essayez-les !

Jeune fille : C'est étroit, je ne peux même pas marcher.

Vendeur : Repassez ici dans quelques jours *(repassez ici et des jours)*, je vais recevoir celles qui vous iront.

Jeune fille : Bien. J'en ai pour combien *(tout, c'est combien)* ?

Vendeur : Allez *(à)* voir cette dame-là à la caisse rouge, elle est libre, elle va vous le dire.

JÉND AY YÉRE

Jaaykat : Bonjour, mademoiselle !

Ab janx : Na nga def !

Jaaykat : Waaw kumba ! Dangay làkk wolof ? Loo soxla woon ?

Ab janx : Jean délavé laay wut.

Jaaykat : Looy sol ?

Ab janx : 38/40

Jaaykat : Nattal bu baxa bii !

Ab janx : Am nga kow bu mu mana àndal ?

Jaaykat : Ban melo ?

Ab janx : Débardeur bu nëtëx wala bu weex.

Jaaykat : Bi nga teg ci sa kow jàpp na la.

Ab janx : Am nga dàll yu kowe, yu ñuul ?

Jaaykat : Topp ma ! Am naa yu siwiliise 1er étage.

Ab janx : Bii neex na ma waaye du ma jot.

Jaaykat : Natt ko !

Ab janx : Dafa xat ; mënuma sax dox.

Jaaykat : Jaaraat fi fii ak ay fan, dinaa am bi baax ci yow.

Ab janx : Baax na. Lépp ñaata la ?

Jaaykat : Demal ca ndaw sale ca caisse bu xonx ba ; féex na. Dina la ko wax.

■ COMPRENDRE LE DIALOGUE
SPÉCIFICITÉ CULTURELLE

→ Même si beaucoup de locuteurs disent **waaw góor** (*bravo*) à un homme aussi bien qu'à une femme, sachez qu'à une femme, on devrait normalement dire **waaw kumba**. **Góor** signifie *homme* ; **Kumba** est un prénom féminin mais il s'emploie par ailleurs comme terme d'évitement quand on ne veut pas nommer directement les parties intimes de la femme.

SPÉCIFICITÉ LINGUISTIQUE

→ On emploie le même terme **natt** pour *peser*, *mesurer*, ou *essayer des vêtements*, *des chaussures*, etc.
→ Pour dire *remplir une bouteille* on utilise le verbe **sol** (**Sol naa buteel bi** *J'ai rempli la bouteille*) ; il est intéressant de constater que c'est le même terme qui est employé pour *porter des vêtements*, *des chaussures*, *un chapeau* ; **Maa ngiy sol sama mbubb** *Je porte mon boubou*.
→ Rappel : quand le vendeur dit **Loo soxla woon ?** *De quoi auriez-vous besoin ?*, il emploie une formule polie en ajoutant la marque du passé **(w)-oon**. S'il disait simplement **Loo soxla ?** cela signifierait *De quoi avez-vous besoin ?*

Cette formule renvoie à l'usage du conditionnel de politesse en français qui permet d'atténuer la force d'une demande de service ou l'expression d'une volonté (*je veux / je voudrais*).

◆ GRAMMAIRE
LAN OU SA VARIANTE *LU*

Au lieu de dire **Loo soxla woon ?**, le vendeur aurait pu dire **Lan nga soxla woon ?**. En effet, **lan nga** est une variante de **loo**.

Dans la variante en **lan**, **-an** est la marque de l'interrogation, même sans point d'interrogation, on interpréterait l'énoncé comme étant une question. Ce n'est pas le cas avec la variante en **lu** qui peut être interrogatif (**Kon, lu mu soxla** *Alors, de quoi a-t-il besoin ?*) ou pas (**Am na lu mu soxla** *Il y a quelque chose dont il a besoin*).

Singulier	**lan**	**lu**	
1ʳᵉ pers.	**Lan laa soxla ?**	**Lu ma soxla ?**	*(De) quoi ai-je besoin ?*
2ᵉ pers.	**Lan nga soxla ?**	**Loo soxla ?**	*(De) quoi as-tu besoin ?*
3ᵉ pers.	**Lan la soxla ?**	**Lu mu soxla ?**	*(De) quoi a-t-il/elle besoin ?*

Pluriel			
1ʳᵉ pers.	**Lan** lanu soxla ?	**Lu** nu soxla ?	*(De) quoi avons-nous besoin ?*
2ᵉ pers.	**Lan** ngeen soxla ?	**Lu** ngeen soxla ?	*(De) quoi avez-vous besoin ?*
3ᵉ pers.	**Lan** lañu soxla ?	**Lu** ñu soxla ?	*(De) quoi ont-ils/elles besoin ?*

Vous avez remarqué que la forme **loo** est la fusion de **lu** + 2ᵉ pers. sing.
La consonne **l-** dans **loo** et **lan** est variable (Cf. module 2).

LE PRONOM RELATIF

Rappelez-vous le module 4 :
Nattal bu baxa bii ! *Essaie le bleu-là !* (litt. "Essaie celui-ci qui est bleu"). Ici, le pronom relatif **bu** a pour antécédent **jean** qui est sous-entendu. En reconstituant l'énoncé, on obtient : **Nattal jean bu baxa bii** *Essaie ce jean (qui est) bleu*.
Am nga kow bu mu mana àndal ? Dans cet exemple, **kow**, l'antécédent de **bu**, n'est pas sous-entendu.
Débardeur bu nëtëx wala bu weex. Dans cet exemple, **débardeur**, l'antécédent de **bu**, n'est pas sous-entendu.
Am nga dàll yu kowe, yu ñuul ? (litt. "As-tu des chaussures qui sont _ hautes qui sont _ noires") l'antécédent **dàll** apparaît devant **kowe** mais est sous-entendu devant **ñuul**.
Topp ma ! Am naa yu siwiliise 1ᵉʳ étage. (litt. "Suis-moi ! J'ai qui sont civilisées au 1ᵉʳ étage"). Ici aussi l'antécédent **dàll** du pronom relatif **yu** est sous-entendu.

LE COMITATIF (OU ACCOMPAGNEMENT) -AL

Souvenez-vous, vous aviez vu que parmi les suffixes **-al**, il y en a un qui a une valeur de comitatif ou d'accompagnement (cf. module 8).
Dans le dialogue, vous en avez un usage dans la réplique **Am nga kow bu mu mana àndal ?**

am	nga	kow	bu	mu	mana	àndal
avoir	*vous (tu)*	*haut*	*que*	*il*	*pouvoir*	*aller_ avec*
As-tu un haut qu'il puisse accompagner ?						

L'ARTICLE REPRÉSENTANT UN NOM SOUS-ENTENDU

L'article défini détermine un nom en particulier. En wolof, vous avez appris qu'il se place après le nom : **nit ki** *la personne* ; **kow bi** *le haut*.

Quand le nom est sous-entendu, l'article peut le représenter. Ainsi quand le vendeur dit **Bi nga teg ci sa kow**, mentalement, il est parti de l'énoncé **Kow bi nga teg ci sa kow**.

Le haut que vous avez posé sur vous.	kow	bi	nga	teg	ci	sa	kow
	haut (vêtement)	le	vous	poser	à	votre	dessus (corps)
Celui que vous avez posé sur vous.	[...] bi		nga	teg	ci	sa	kow
	celui		vous	poser	à	votre	dessus

▲ EXERCICES

1. ÉCRIVEZ LES RÉPONSES AUX QUESTIONS.

a. Kan la jaaykat bi nuyu ?

b. Lu tax janx bi mënul dox ak dàll yi ?

c. Lan moo tax jaaykat bi wax janx bi "Waaw kumba" ?

2. CES INTERROGATIONS SONT TANTÔT EN -*AN*, TANTÔT EN -*U* ; ÉCRIVEZ LEURS VARIANTES.

a. Fan nga dëkk ?

b. Lu muy jaay ?

c. Booy waxaale ?

d. Kan ngay àndal Gore ?

e. Yan ngeen bëgg ?

3. ÉCOUTEZ CHAQUE PHRASE ET ÉCRIVEZ LE MOT MANQUANT.

a. Waaw kumba ! Dangay .... wolof ? Loo soxla woon ?

b. Débardeur bu .... wala bu weex.

c. Demal ca ndaw sale ca caisse bu xonx ba ; .... na.

● VOCABULAIRE

bitik/bitig *magasin, boutique*
yére *vêtement*
làkk *parler une langue, langue parlée*
sol *porter, remplir*
baxa *bleu*
melo *couleur*
nëtëx *vert*
weex *blanc*
teg *poser*
dàll *chaussure*
kowe *être haut*
ñuul *noir*
xat *étroit*
fan *jour*
ndaw si *la dame, madame* (vocatif)

4. ÉCOUTEZ CHAQUE PHRASE EN FAISANT ATTENTION À L'INTONATION, PUIS RÉPÉTEZ-LA.

a. Jean délavé laay wut.

b. Am nga kow bu mu mana àndal ?

c. Bi nga teg ci sa kow jàpp na la.

d. Baax na. Lépp ñaata la ?

21. À LA MAIRIE

CI MAIRIE BI

OBJECTIFS

- DONNER SON ÉTAT CIVIL
- FAIRE DES DÉMARCHES ADMINISTRATIVES

NOTIONS

- LES VARIANTES *NAKA*/*NU*
- LE SUFFIXE *-E* : NOTION DE LOCALISATION, D'ORIGINE
- VERBES ET INTERJECTIONS NON MARQUÉS À L'IMPÉRATIF SINGULIER

À LA MAIRIE

Bigué Sankharé : Bonjour *(avez-vous la paix)* !

Officier d'État civil : Bonjour *(la paix seulement)*.

Bigué Sankharé : Je voudrais un extrait d'acte de naissance.

Officier d'État civil : Pour qui le voulez-vous *(c'est pour qui que vous le voulez)* ?

Bigué Sankharé : Moi-même. Mais je n'ai pas retenu le numéro.

Officier d'État civil : Comment vous appelez-vous *(c'est comment que vous vous appelez)* ?

Bigué Sankharé : Je m'appelle Bigué Sankharé *(c'est Bigué Sankharé que je m'appelle)*.

Officier d'État civil : Votre lieu de naissance ?

Bigué Sankharé : Je suis née à Godaguéne.

Officier d'État civil : Votre date de naissance *(c'est quand que vous êtes née)* ?

Bigué Sankharé : 20 avril 1992.

Officier d'État civil : Le nom de votre père ?

Bigué Sankharé : Ousmane Sankharé.

Officier d'État civil : Votre mère… ?

Bigué Sankharé : Mbissane Faye.

Officier d'État civil : Il faut payer 300 francs pour le timbre.

Bigué Sankharé : Tenez ! Excusez-moi pour la main gauche.

Officier d'État civil : Venez prendre votre document *(viens prendre ton papier)* après-demain.

Bigué Sankharé : Merci ! Passez une journée paisible *(passez la journée en paix)* !

CI MAIRIE BI

Biige Sanxare : Jàmm nga am !

Ndawu mairie bi : Jàmm rekk.

Biige Sanxare : Kayitu juddu laa bëggoon.

Ndawu mairie bi : Kan nga ko bëggal ?

Biige Sanxare : Sama bopp. Waaye jàppuma nimoro bi.

Ndawu mairie bi : Noo tudd ?

Biige Sanxare : Biige Sanxare laa tudd.

Ndawu mairie bi : Sa bërëbu juddu ?

Biige Sanxare : Maa ngi juddoo Godagen.

Ndawu mairie bi : Kañ nga juddu ?

Biige Sanxare : 20 avril 1992.

Ndawu mairie bi : Sa turu pàppa ?

Biige Sanxare : Usmaan Sanxare.

Ndawu mairie bi : Sa yaay… ?

Biige Sanxare : Mbisaan Fay.

Ndawu mairie bi : Juróom-benn fukki dërëm lañu wara fey ngir tembar bi.

Biige Sanxare : Am ! Baal ma loxo càmmoñ bi.

Ndawu mairie bi : Ñówal jélsi sa kayit gannaaw-ëllëg.

Biige Sanxare : Jërëjëf ! Yendul ak jàmm !

■ COMPRENDRE LE DIALOGUE
SPÉCIFICITÉ CULTURELLE

Bigué s'excuse du fait d'avoir remis l'argent de la main gauche, forme d'impolitesse puisqu'il est de coutume de dire que c'est la main utilisée pour la toilette intime.

SPÉCIFICITÉ LINGUISTIQUE

En milieu urbain, le terme **pàppa** (*papa, père*) est préféré à **baay** par beaucoup de locuteurs. De même que **yaay** (*mère*) est préféré à **ndey**. Il semblerait que cela soit dû au fait que les termes **baay** et **ndey** sont ceux qu'on retrouve dans les injures.

GRAMMAIRE
LES VARIANTES *NAKA/NU*

L'officier d'État Civil dit **Noo tudd ?** mais il aurait également pu dire **Naka nga tudd ?** En effet, **naka** a une variante en **nu** qui, avec la 2ᵉ personne du singulier, fusionne pour donner **noo** (*comment tu*).

Avec la variante **naka** (ou **nan**), on a un mot interrogatif (*comment*) même sans point d'interrogation, on interpréterait l'énoncé comme étant une question. Ce n'est pas le cas avec la variante **nu** qui peut être interrogatif (**Kon, nu mu ko bëgge** *Alors, comment le veut-il ?*) ou pas (**Am na nu mu koy defe …** *Il a une façon de le faire…*).

Naka a aussi une variante en **nan** qui ne fusionne pas.

Singulier	**Naka/Nan**	**nu**	
1ʳᵉ pers.	Naka laa tudd ?	Nu ma tudd ?	*Comment je m'appelle ?*
2ᵉ pers.	Naka nga tudd ?	Noo tudd ?	*Comment t'appelles-tu ?*
3ᵉ pers.	Naka la tudd ?	Nu mu tudd ?	*Comment s'appelle-t il/elle ?*

Pluriel			
1ʳᵉ pers.	Naka lanu tudd ?	Nu nu tudd ?	*Comment nous appelons nous ?*
2ᵉ pers.	Naka ngeen tudd ?	Nu ngeen tudd ?	*Comment vous appelez vous ?*
3ᵉ pers.	Naka lañu tudd ?	Nu ñu tudd ?	*Comment s'appellent-ils/elles ?*

Vous avez remarqué que la forme **noo** est la fusion de **nu** + 2ᵉ pers. sing.

LE SUFFIXE -E : NOTION DE LOCALISATION DE L'ACTION, DE L'ORIGINE

Considérons la forme verbale **juddoo** dans l'énoncé **Maa ngi juddoo Godagen** ; la combinaison de **juddu** (*naître*) avec le suffixe **-e** permet d'introduire le lieu de l'action, en l'occurrence Godagen.

Ce suffixe **-e** introduit aussi la manière de l'action **Naka la deme ?** (litt. "C'est comment qu'il est parti ?"). (cf. module 11)

VERBES ET INTERJECTIONS NON MARQUÉS À L'IMPÉRATIF SINGULIER

Comme vous l'avez remarqué, dans la réplique **Am ! Baal ma loxo càmmoñ bi**, Bigué ne dit pas : **Amal !** ... C'est parce qu'il y a une liste fermée de verbes qui ne prennent pas la marque **-al** (ou **-l**) de l'impératif de la 2e personne du singulier. Ces verbes et interjection sont :

Am ! *Tiens !* ; **Kaay !** *Viens !* ; **Aca, ayca, aywa** *Allez !* ; **Indi !** *Apporte !* (la forme **indi** peut optionnellement être **indil** quand le complément n'est pas dit).

Singulier	*avoir*	*venir*	*apporter*	*aller* (en interjection)
2e pers.	**am**	**kaay**	**Indi/indil**	**Aca, ayca, aywa**

Pluriel				
2e pers.	**amleen**	**kaayleen**	**indileen**	**Acaleen, aycaleen, aywaleen**

⚠ EXERCICES

1. ÉCRIVEZ LES RÉPONSES AUX QUESTIONS.
a. Lu Biige bëgg ci Mairie bi ?

b. Fu Biige juddoo ?

c. Kañ la Biige di jot kayitam ?

2. QUEL EST LE MOT INTRUS DANS CHACUNE DE CES PHRASES ?
a. Kayitu juddu laa wut bëggoon.

b. Kañ nga bërëb juddu ?

c. Ñówal jélsi sa loxo kayit gannaaw-ëllëg.

3. ÉCOUTEZ CHAQUE PHRASE ET COMPLÉTEZ.
a. Sama bopp. Waaye .... nimoro bi.

b. Maa ngi .... Godagen.

c. Am ! Baal ma loxo .... bi.

4. ÉCOUTEZ CHAQUE PHRASE EN FAISANT ATTENTION À L'INTONATION, PUIS RÉPÉTEZ-LA.
a. Kan nga ko bëggal ?

b. Sa bërëbu juddu ?

c. Sa yaay … ?

d. Am ! Baal ma loxo càmmoñ bi.

● VOCABULAIRE

tur *nom, appellation*
pàppa *père, papa*
**juróom-benn fukki dërëm*
 trois cents francs
dërëm *cinq francs*
tembar *timbre* (fiscal)
baal *pardonner, excuser*
càmmoñ *gauche*
gannaaw-ëllëg *après-demain*

22.
CHEZ LE MÉDECIN
CI KËR DOKTOOR

OBJECTIFS

- CONSULTER UN MÉDECIN
- EXPLIQUER SES SYMPTÔMES
- RECEVOIR UN TRAITEMENT

NOTIONS

- "DEPUIS" : TEMPS ÉCOULÉ
- EXPRIMER L'HABITUDE PAR LA CONJUGAISON
- "OUI" : AFFIRMATION OU RÉPONSE À UN APPEL
- L'IMPÉRATIF + RÉPÉTITION

MAÏMOUNA EST MALADE

Docteur : Qu'est-ce qui ne va pas *(qu'est-ce qui vous a atteinte)* ?

Maïmouna Diongue : J'ai des courbatures *(j'ai le corps tout noué)*.

Docteur : Vous avez le corps chaud *(ton corps est chaud)*.

Maïmouna Diongue : Je pense que j'ai le palu.

Docteur : Depuis quand la maladie s'est-elle déclarée *(c'est quand que la maladie a commencé)* ?

Maïmouna Diongue : Depuis trois jours *(voici trois jours)*, je ne peux rien faire.

Docteur : Avez-vous pris des médicaments ?

Maïmouna Diongue : Nos médicaments traditionnels seulement.

Docteur : Vous toussez ?

Maïmouna Diongue : Non.

Docteur : Vous avez un écoulement nasal *(votre nez coule)* ?

Maïmouna Diongue : Non.

Docteur : On va vous faire la goutte épaisse *(on va piquer ton doigt pour regarder ton sang)*.

Maïmouna Diongue : J'ai la tête qui tourne.

Docteur : Allez vous asseoir là-bas, on vous appellera par votre numéro.

Infirmier : Numéro 14 !

Maïmouna Diongue : Oui !

Infirmier : Achetez ce médicament et prenez-en un le matin, un le soir.

Maïmouna Diongue : J'espère qu'il n'est pas cher et que je serai vite remise.

MAYMUNA DAFA FEEBAR

Doktoor : Lu la jot ?

Maymuna Jong : Sama yaram wi yépp a fasu.

Doktoor : Sa yaram waa ngi tàng.

Maymuna Jong : Defe naa ne dama sibiru.

Doktoor : Kañ la feebar bi tàmbali ?

Maymuna Jong : Ñetti fan a ngi, manuma def dara.

Doktoor : Jél nga ay garab ?

Maymuna Jong : Sunu garabi cosaan yi rekk.

Doktoor : Dingay sëqët ?

Maymuna Jong : Déedéet.

Doktoor : Sa bakken dinay sottiku ?

Maymuna Jong : Déedéet.

Doktoor : Dañuy jam sa baaraam ngir seet sa deret.

Maymuna Jong : Damay miir.

Doktoor : Demal toog fale ! Dinañu la woo ci sa nimoro.

Infirmier : Nimoro 14 !

Maymuna Jong : Naam !

Infirmier : Jéndal garab bii, di ci jél benn ci suba, benn ci ngoon.

Maymuna Jong : Mbaa seerul ? Dinaa gaawa wér, xanaa.

■ COMPRENDRE LE DIALOGUE
SPÉCIFICITÉ CULTURELLE

→ Beaucoup de personnes, surtout en milieu rural, se tournent d'abord vers la médecine traditionnelle ou le guérisseur avant d'aller consulter un médecin. Hélas, parfois, il est trop tard pour le médecin. Cependant, avec les hôpitaux et les postes de santé qui se multiplient, on peut espérer un changement de comportement.

→ Si vous devez aller au Sénégal, sachez que vous n'avez pas besoin de visa d'entrée. Quelques semaines avant votre voyage, rendez-vous dans l'un des hôpitaux spécialisés en maladies tropicales pour une prescription de vaccins et antipaludéens obligatoires. Une fois sur place :
- évitez autant que possible les restaurants à l'hygiène douteuse,
- évitez de boire des jus locaux s'ils sont servis dans des endroits où la propreté laisse à désirer,
- n'acceptez pas les bouteilles de boisson qu'on vous présente si elles ne sont pas décapsulées sous vos yeux,
- évitez les crudités si elles ne sont pas préparées en famille ou dans les restaurants de bon standing.

→ Si jamais vous aviez des problèmes de santé au cours de votre séjour, dans toutes les grandes villes, il y a de bons hôpitaux et de bonnes cliniques privées : à Dakar, Saly, Mbour, Thiès, Kaolack ou encore Ziguinchor.

→ Il y a aussi la médecine traditionnelle avec ses remèdes. Mais elle est surtout sollicitée par les autochtones qui n'ont pas les moyens de payer les frais pour une médecine moderne. Les tradi praticiens sont très nombreux, hélas, l'état d'avancement de la médecine traditionnelle ne permet pas de les recommander.

SPÉCIFICITÉ LINGUISTIQUE

Pour l'état grippal comme pour le paludisme, en wolof, on dit **sibiru**.

◆ GRAMMAIRE
"DEPUIS" : TEMPS ÉCOULÉ

Pour indiquer le temps écoulé depuis qu'elle se sent malade, Maïmouna dit **Ñetti fan a ngi, manuma def dara** (litt. "Voici trois jours, je ne peux rien faire"). Ainsi pour dire *depuis* on dit *durée écoulée + voici…* ; en l'occurrence : **ñetti fan** *trois jours* + **a ngi** *voici*. Rappelez-vous, vous avez rencontré **a ngi** au module 2

EXPRIMER L'HABITUDE PAR LA CONJUGAISON

Dans l'énoncé **Dingay sëqët**, la combinaison de la forme du futur **dinga** (cf. module 3) avec la marque de l'inaccompli **-y** (cf. module 3) introduit la notion de quelque chose qui se produit avec une certaine fréquence. D'où : *Tu tousses* (habituellement) ; *il t'arrive de tousser*.

Avec la 2ᵉ pers. pl. **dingeen di ...** on a une forme composée : futur + **di** qui est la marque de l'inaccompli. Cela donne la valeur de *faire habituellement*. Exemple : **dingeen daw** *vous courrez* ; **dingeen di daw** *vous courez (habituellement)*. **Di** est remplacé par **y** à toutes les autres personnes. Exemple : **Dinaay daw** *je cours (habituellement)* ; **Dinaa daw** *je courrai*.

L'expression de l'habitude avec futur + inaccompli

Singulier	Affirmation		Négation	
1ʳᵉ pers.	**Dinaay sëqët**	Je tousse	**Dumay sëqët**	Je ne tousse pas
2ᵉ pers.	**Dingay sëqët**	Tu tousses	**Dooy sëqët**	Tu ne tousses pas
3ᵉ pers.	**Dinay sëqët**	Il/Elle tousse	**Duy sëqët**	Il/Elle ne tousse pas

Pluriel				
1ʳᵉ pers.	**Dinanuy sëqët**	Nous toussons	**Dunuy sëqët**	Nous ne toussons pas
2ᵉ pers.	**Dingeen di sëqët**	Vous toussez	**Dungeen di sëqët**	Vous ne toussez pas
3ᵉ pers.	**Dinañuy sëqët**	Ils/Elles toussent	**Duñuy sëqët**	Ils/Elles ne toussent pas

"OUI" : AFFIRMATION OU RÉPONSE À UN APPEL

Pour un *oui* d'affirmation, on dit **waaw** ; mais pour un *oui* de réponse à un appel, on dit **naam** ou plus rarement **óow** ; certaines personnes répondent aussi par leur patronyme. Par exemple : Si j'appelais : **Maïmouna !** Elle répondrait : **Diongue** (son patronyme ou celui de son époux) ou bien **naam** (*oui*) ou bien **óow** (*oui*) !

L'IMPÉRATIF + RÉPÉTITION

Voici 2 énoncés à l'impératif :
- *Marche !* (exécution ponctuelle)
- *Marche !* (exécution répétitive : recommandation du médecin par exemple)

En wolof, l'énoncé 1 serait : **Doxal !** tandis que l'énoncé 2 serait : **Dil dox !**
C'est-à-dire que pour le 2ᵉ énoncé, la marque de l'impératif **-al** (variante **-l**) est portée par l'inaccompli **di** (variante de **-y**) (cf. module 1)

L'impératif sans ou avec l'inaccompli.

		sans l'inaccompli		avec l'inaccompli	
Affirm.	2ᵉ pers. sing.	**doxal**	*marche*	**dil dox**	*marche*
	2ᵉ pers. pl.	**doxleen**	*marchez*	**dileen dox**	*marchez*
Nég.	2 ème pers. sing.	**bul dox**	*ne marche pas*	**bul di dox**	*ne marche pas*
	2ᵉ pers. pl.	**buleen dox**	*ne marchez pas*	**buleen di dox**	*ne marchez pas*

dil peut avoir la forme **deel** de même que **dileen** peut avoir la forme **deeleen** si le locuteur garde la fusion **di+al** au lieu de supprimer la voyelle de **-al**.

EXERCICES

1. ÉCRIVEZ LES RÉPONSES AUX QUESTIONS.

a. Lu tax Maymuna dem ci doktoor bi ?

b. Lu tax doktoor bi jam Maymuna ci baaraam ?

c. Ndax Maymuna dinay sëqët ?

2. QUEL EST LE MOT INTRUS DANS CHACUNE DE CES PHRASES ?

a. Sama yaram wi yépp a ngiy fasu.

b. Jél nga ay garab sëqët ?

c. Damay bakken miir.

 ### 3. ÉCOUTEZ CHAQUE PHRASE ET COMPLÉTEZ.

a. Sama .... wi yépp a fasu.

b. Defe naa ne dama ....

c. Dañuy .... sa baaraam ngir seet sa deret.

● VOCABULAIRE

doktoor *docteur, médecin*
yaram *corps*
yépp *tout*
fasu *noué*
sibiru *état fébril, grippe, palu*
garab *arbre* (**garab gi**) ; *médicament* (**garab bi**)
cosaan *tradition, origine*
sëqët *tousser*
bakken (variante **bakkan**) *nez*
sottiku *couler, se déverser*
jam *piquer*
baaraam *doigt*
deret *sang*
seet *regarder, analyser*
miir *avoir la tête qui tourne, vertige*
naam ! *oui !* (quand une personne vous appelle)
gaaw *être rapide, vite* (adverbe)
wér *guérir* (intransitif), *être bien portant*
xanaa *sans doute, serait-ce que*

4. ÉCOUTEZ CHAQUE PHRASE EN FAISANT ATTENTION À L'INTONATION, PUIS RÉPÉTEZ-LA.

a. Toogal ! Lu la jot ?

b. Jél nga ay garab ?

c. Kañ la feebar bi tàmbali ?

d. Dingay sëqët ?

23. MONUMENTS ET LIEUX TOURISTIQUES

TAAXI KÉEMAAN YI

OBJECTIFS

- PROGRAMME DES VISITES DES MONUMENTS ET DES LIEUX À VOIR
- LES JOURS DE LA SEMAINE

NOTIONS

- *RAWATI NA* : PROPOSITION ET LOCUTION
- RAPPEL DU *A* VERBAL
- *NDAX* DIFFÉRENT DU MOT INTERROGATIF
- UNE LOCUTION : *BU KO DEFEE*

BAIE DE LA SOMONE

Nicolas Koné : C'est la chaloupe qui va nous faire la traversée *(faire passer)* à Gorée ?

Rosalie Dupont : Il y a toujours autant de touristes *(c'est comme cela que les personnes sont nombreuses habituellement)* ?

Nicolas Koné : Pire encore quand les jeunes sont en vacances *(ça dépasse encore quand les jeunes ne sont pas partis étudier)*.

Rosalie Dupont : Je suis impatiente *(je suis pressée)* de voir la Maison des Esclaves.

Nicolas Koné : Nous irons voir le musée Théodore Monod, le musée…

Rosalie Dupont : Soumbédioune.

Nicolas Koné : Soumbédioune se trouve à Gueule-tapée.

Rosalie Dupont : J'ai entendu dire *(j'ai entendu)* qu'il y a un grand village artisanal.

Nicolas Koné : Lundi, c'est à la Réserve de Bandia que nous irons.

Rosalie Dupont : Ainsi, je filmerai les girafes et les cobs et les crocodiles et…

Nicolas Koné : Mardi, nous irons au Lac Rose.

Rosalie Dupont : Tu me montreras la Statue de la Renaissance, hein !

Nicolas Koné : Nous passerons par la même occasion à l'Université Cheikh Anta Diop.

Rosalie Dupont : Je veux voir aussi la Cathédrale du Souvenir africain.

Nicolas Koné : Mercredi, j'ai un empêchement.

Rosalie Dupont : Alors, j'irai à Saint-Louis pour voir le Pont Faidherbe et le fort.

Nicolas Koné : Jeudi, Lamine t'accompagnera *(ira avec toi)*, tu iras voir la mosquée de Touba.

Rosalie Dupont : Je prendrai de nombreuses photos pour les montrer à mes amis.

Nicolas Koné : Vendredi, nous irons à Somone pour visiter la baie en pirogue.

BAIE DE LA SOMONE

Niko Kone : Chaloupe bi moo nuy jàlle Gore.

Rosali Dipoŋ : Nii la nit ñi di baree ?

Niko Kone : Rawati na bu ndaw ñi jàngiwul.

Rosali Dipoŋ : Maa ngi yàkkamtee gis Maison des Esclaves.

Niko Kone : Dinanu seeti musée Théodore Monod, musée…

Rosali Dipoŋ : Sumbéjuun.

Niko Kone : Sumbéjuun, Gëltàppe la nekk.

Rosali Dipoŋ : Dégg naa ne am na fa Village artisanal bu mag.

Niko Kone : Altine, Réserve de Bandia lanuy dem.

Rosali Dipoŋ : Ndax ma filmer njamala yi ak kooba yi ak jasig yi ak…

Niko Kone : Talaata, nu dem Lac Rose.

Rosali Dipoŋ : Nanga ma won Statue de la Renaissance de !

Niko Kone : Nu jaaraale Université Cheikh Anta Diop.

Rosali Dipoŋ : Bëgg naa gis itam Cathédrale du Souvenir africain.

Niko Kone : Àllarba, dama am ngànt.

Rosali Dipoŋ : Bu ko defee, ma dem Ndar seeti Pont Faidherbe ak fort ba.

Niko Kone : Alxames, Lamin dina ànd ak yow, nga seeti jumaa Tuuba bi.

Rosali Dipoŋ : Dinaa jél photo yu bare ngir won leen samay xarit.

Niko Kone : Àjjuma, nu dem Somon ngir wër Baie de la Somone ak gaal.

■ COMPRENDRE LE DIALOGUE
SPÉCIFICITÉ CULTURELLE

→ Pour le visiteur qui reste un temps au Sénégal, en plus des monuments et des lieux touristiques à voir, il y a d'autres centres d'intérêts culturels : des spectacles et des cérémonies tels que le **mbappat** *jeu de lutte sans frappe*, le **simb** *jeu du faux-lion*, le **ndëpp** *exorcisme*, le **baawnaan** *chants et danses pour faire venir la pluie*, les régates, mais encore les **sabar** *soirées récréatives de danse au son des tambours*, le **ndawràbbin** *danse ethnique lébou*, le **kasag** *soirée des circoncis*, et encore, et encore, il faut venir pour les découvrir.

→ Ndar est le nom traditionnel de la ville qui sera baptisée Saint-Louis du Sénégal à l'époque coloniale. Ndar serait une altération de **ndaa** (*canari* en français), *un grand récipient en terre cuite fait pour la conservation de l'eau*. La ville a été appelée Ndaa parce qu'il y avait une source d'eau particulièrement douce et fraîche. C'était donc le canari de la ville.

→ Gëltàppe est un quartier de Dakar, entre les quartiers de la Médina et de Fann. Le nom vient du lézard autrement appelé varan. Il faut penser qu'à une certaine époque on devait trouver beaucoup de varans dans la zone.

→ Sumbéjuun, nom traditionnel lébou, est le nom de la baie de la corniche ouest de Dakar. Le site est très visité par les touristes pour son fameux village artisanal et son port de pêche.

SPÉCIFICITÉ LINGUISTIQUE

Les noms des jours de la semaine, à l'exception de samedi et dimanche, viennent de l'arabe : **Altine** *lundi* ; **talaata** *mardi* ; **àllarba** *mercredi* ; **alxames** *jeudi* ; **àjjuma** *vendredi* ; **Gaawu** ou **aseer** *samedi* ; **dibéer** ou **dimaas** *dimanche*.

◆ GRAMMAIRE
RAWATI NA : PROPOSITION ET LOCUTION

Comme proposition : **Amadu Ja Ba rawati na** *Amadou Dia Ba est encore une fois en tête*.
raw signifie (dans une compétition) *être en tête*, *arriver en premier*, *dépasser*.
ati, est un suffixe indiquant une répétition (*encore*).
La forme dérivée **rawati** veut dire *être encore une fois en tête*, *arriver en premier*, *remporter encore la victoire*, *dépasser encore*.
Comme locution : **rawati na** est l'équivalent de *plus encore*, *pire encore*, *surtout*, *à plus forte raison*.

RAPPEL DU A VERBAL

Dans l'énoncé **Maa ngi yàkkamtee gis** *Maison des Esclaves* la forme verbale **yàkkamtee** vient de la fusion du verbe **yàkkamti** avec le **a** verbal qui indique que le mot suivant est un verbe, en l'occurrence **gis** (cf. module 7).

NDAX : INTERROGATIF OU NON ?

Avec l'intonation de phrase déclarative ou affirmative, **ndax**, dans l'énoncé **Ndax ma filmer njamala yi ak kooba yi ak jasig yi ak...** signifie *ce faisant..., ainsi...*
Dans ce cas, la seule conjugaison possible est le minimal, voyez la conjugaison ci-dessous qui n'emploie aucun des termes **dafa**, **a ngi**, **na**, **la**, **a** déjà appris.
Avec l'intonation de phrase interrogative ou formellement marquée par un point d'interrogation, **ndax**, dans l'énoncé **Ndax ma filmer njamala yi ak kooba yi ak jasig yi ak...** signifierait *est-ce que...*
Dans ce cas, toutes les conjugaisons sont possibles, à l'exception de l'impératif et de l'incitatif.

LA SÉRIE DES PRONOMS APRÈS *NDAX* DÉCLARATIF

Singulier	Forme affirmative
1ʳᵉ pers.	**Ndax ma filmer.**
2ᵉ pers.	**Ndax nga filmer.**
3ᵉ pers.	**Ndax mu filmer.**

Pluriel	
1ʳᵉ pers.	**Ndax nu filmer.**
2ᵉ pers.	**Ndax ngeen filmer.**
3ᵉ pers.	**Ndax ñu filmer.**

Attention avec la négation.

Singulier	Forme négative
1ʳᵉ pers.	**Ndax duma filmer.**
2ᵉ pers.	**Ndax doo filmer.**
3ᵉ pers.	**Ndax du filmer.**

Pluriel	
1ʳᵉ pers.	**Ndax dunu filmer.**
2ᵉ pers.	**Ndax dungeen filmer.**
3ᵉ pers.	**Ndax duñu filmer.**

BU KO DEFEE : PROPOSITION ET LOCUTION

Comme proposition, **bu ko defee** signifie : *quand il l'aura fait.*
Comme locution, **bu ko defee** est invariable et signifie : *ce faisant …* ; *ainsi …* ; *alors …* ; *de la sorte …*
Dans le dialogue, c'est une locution :
Bu ko defee, ma dem Ndar seeti Pont Faidherbe ak fort ba *Alors, j'irai à Saint-Louis pour voir le Pont Faidherbe et le fort.*
Certains locuteurs emploient indifféremment **bu ko defee** et **su ko defee**, alors que **su** introduit une condition, une hypothèse. (Cf. module 8)

▲ EXERCICES

1. ÉCRIVEZ LES RÉPONSES AUX QUESTIONS.
a. Naka la Robeer ak Niko di deme Gore ?

b. Fan la Sumbëjuun nekk ?

c. Lu tax Niko du mëna ànd ak Robeer àllarba ?

2. RAYEZ LE MOT INTRUS DANS CHACUNE DE CES PHRASES.
a. Nii la nit ñi di baree tey ?

b. Nu jaaraale ngir Université Cheikh Anta Diop.

c. Bëgg naa ndax gis itam Cathédrale du Souvenir africain.

3. ÉCOUTEZ CHAQUE PHRASE ET COMPLÉTEZ.
24
a. Maa ngi …………… gis Maison des Esclaves.

b. …………… ma won Statue de la Renaissance de !

c. Alxames, Lamin dina …………… ak yow, nga seeti Jumaa Tuuba bi.

4. ÉCOUTEZ CHAQUE PHRASE EN FAISANT ATTENTION À L'INTONATION, PUIS RÉPÉTEZ-LA.
24
a. Nii la nit ñi di baree ?

b. Sumbéjuun, Gëltàppe la nekk, ci Dakar.

c. Ndax ma filmer njamala yi ak kooba yi ak jasig yi ak…

d. Bu ko defee, ma dem Ndar seeti Pont Faidherbe ak fort ba.

● VOCABULAIRE

jàlle *faire passer, faire traverser*
raw *arriver en tête d'une compétition, dépasser*
ndaw ñi *les jeunes* (collectif)
yàkkamti *être impatient (de), être pressé (de)*
altine *lundi*
njamala *girafe*
kooba *cob, antilope-cheval*
jasig *crocodile, caïman*
talaata *mardi*
ngànt *empêchement*
alxames *jeudi*
Tuuba *Touba* (ville sainte de la confrérie Mouride)
àjjuma *vendredi*
gaal *pirogue, bateau*

IV

LES

LOISIRS

24.
LES LOISIRS

LI LA NEEX

OBJECTIFS	NOTIONS
• PARLER DE SES LOISIRS	• LES LOCUTIONS : *LU MOY* ET *LI GËNA BARE*

APRÈS LE TRAVAIL

Nicolas Koné : Que ferez-vous quand vous serez de retour en France.

Rosalie Dupont : Je reprends mon travail *(je retourne à mon travail)*.

Nicolas Koné : Vous ne vous reposerez pas quelques jours ?

Rosalie Dupont : Travailler, travailler, travailler jusqu'à l'an prochain encore.

Nicolas Koné : Que faites-vous hormis le travail ?

Rosalie Dupont : Quand je sors du travail, le plus souvent, je pars jouer au football.

Nicolas Koné : J'espère que vous êtes douée *(est-ce que tu es talentueuse)*.

Rosalie Dupont : Je joue mieux au football que Ronaldo.

Rosalie Dupont : Et vous, que faites-vous durant vos moments de loisirs *(et toi, c'est quoi que tu fais quand tu es libre)* ?

Nicolas Koné : Nous avons un club de jeu de dames.

Rosalie Dupont : Vous faites des compétitions ?

Nicolas Koné : L'an dernier, c'est moi qui avais remporté le trophée *(c'est moi qui avais pris le drapeau)*.

Rosalie Dupont : Je vais à la pêche aussi.

Nicolas Koné : Il y a la mer par où vous habitez ?

Rosalie Dupont : Non, mais il y a un grand fleuve.

Nicolas Koné : Votre époux, lui, que fait-il quand il ne travaille pas ?

Rosalie Dupont : Il enseigne le français à des immigrés dans une association.

BU NU LIGGÉEYEE BA WÀCC

Niko Kone : Lan ngay def, boo delloo France ?

Rosali Dipoŋ : Damay dellu ci sama liggéey.

Niko Kone : Doo noppalu ay fan ?

Rosali Dipoŋ : Liggéey, liggéey, liggéey ba déwén ati.

Niko Kone : Lan ngay def lu moy liggéey bi ?

Rosali Dipoŋ : Bu ma wàccee liggéey, li gëna bare, damay futbali.

Niko Kone : Mbaa aay nga ?

Rosali Dipoŋ : Maa dàqa futbal Ronaldo.

Rosali Dipoŋ : Yow nak, lan ngay def boo féexee ?

Niko Kone : Danu am mbootaayu damier.

Rosali Dipoŋ : Dingeen di joŋante ?

Niko Kone : Daaw, maa jéloon raaya bi.

Rosali Dipoŋ : Dinaay nappi itam.

Niko Kone : Fi nga dëkke dafa am géej ?

Rosali Dipoŋ : Déedéet, waaye am na dex gu mag.

Niko Kone : Sa jëkker, moom, lu muy def bu liggéeyulee ?

Rosali Dipoŋ : Dafay jàngal français ay immigrés ci benn mbootaay.

▲ COMPRENDRE LE DIALOGUE
SPÉCIFICITÉ CULTURELLE

→ Après le travail, la plupart des jeunes Sénégalais se rendent à leurs sports favoris ; les moins jeunes se retrouvent pour jouer au **wure** (*awalé*), au jeu de dames, à la belotte ou à d'autres jeux de cartes. Il y a aussi ceux qui fréquentent les cercles de discussion sur les actualités politiques.

SPÉCIFICITÉ LINGUISTIQUE

→ **aay** peut signifier *exceller en quelque chose* ; *avoir du talent dans un domaine* ; *être mauvais du point de vue de la loi* ou *de l'éthique* ; *être cruel*.
→ **dàq** peut signifier *renvoyer* ; *licencier* ; *chasser* ; *faire mieux quelque chose que ne le fait une tierce personne* ; *être plus joli* ; *être plus beau* ; *être plus agréable*.
Ces mots sont polysémiques, le contexte détermine leur interprétation.

◆ GRAMMAIRE
LA LOCUTION : *LU MOY*

- **lu**, selon le contexte signifie : *toute chose* ; *quelque chose* ; *tout ce que* ; *ce que* ; *qu'est-ce que*.
- **moy** signifie : *être hors de l'axe* ; *rater une cible* ; *commettre une faute*.

Ces deux mots peuvent être des composants séparés dans une proposition.
Mais il faut les considérer comme une seule unité quand, ensemble, ils forment une locution traduite par : *sauf*, *excepté*, *à moins que*, *hormis*.
Dans le dialogue : **Lan ngay def lu moy liggéey bi** *Que faites-vous hormis le travail ?*

LA LOCUTION : *LI GËNA BARE*

li signifie : *ce qui* ; *ce que*.
gën signifie : *être plus* (+ verbe).
bare signifie : *nombreux* ; *être en quantité*.
Quand ils sont des composants autonomes dans une proposition, **li gëna bare** sera traduit par : *la plus grande partie*.
Mais, ensemble, ils forment une locution traduite par : *le plus souvent* ; *la plupart du temps* ; *en général*.
Dans le dialogue : **Bu ma wàccee liggéey, li gëna bare, damay futbali** *Quand je sors du travail, le plus souvent, je pars jouer au football*.

● VOCABULAIRE

dellu *être de retour, repartir, retourner*
noppalu *se reposer*
déwén *an(née) prochain(e)*
ati *encore*
moy *rater une cible ; être hors de l'axe ; commettre une faute*
lu moy *hormis, excepté*
li gëna bare *le plus souvent, la plupart du temps, en général*
aay, *être doué, être talentueux ; être cruel ; être mal*
dàq *être meilleur/mieux que quelqu'un en quelque chose*
mbootaay *club, association*
joŋante *faire une compétition*
daaw *l'an(née) dernièr(e)*
raaya *trophée, drapeau*
napp *pêcher, pêche*
géej *mer*
dex *fleuve*
jàngale *enseigner*

⚠️ EXERCICES

1. TRADUISEZ LES PHRASES CI-DESSOUS EN WOLOF.

a. Rosalie ne se reposera pas quand elle sera de retour en France.

b. Quand elle sort du travail, le plus souvent, elle part jouer au football.

c. Elle joue mieux que toi au football.

2. ÉCRIVEZ LA CONJUGAISON DE *DINGEEN DI JONANTE* PUIS RÉÉCRIVEZ-LA AU FUTUR.

3. ÉCOUTEZ CHAQUE PHRASE ET COMPLÉTEZ.

a. Lan ngay def lu .... liggéey bi ?

b. Doo .... ay fan ?

c. Déedéet, waaye am na .... gu mag.

4. COMPLÉTEZ LES PHRASES AVEC LES MOTS SUIVANTS (ATTENTION ! IL Y A DES INTRUS).

jóge, liggéey, raaya, dex, jàngal, ganu

a. Rosali, ... Niko la.

b. Robeer, France la ....

c. Fi mu dëkke dafa am ....

d. Niko, moo jéloon .... bi daaw.

25. ORGANISER UN VOYAGE

WAAJ AB TUKKI

OBJECTIFS

- PLANIFIER UN VOYAGE ET SES MODALITÉS PRATIQUES
- RÉSERVER UNE CHAMBRE D'HÔTEL
- SE REPÉRER DANS LE TEMPS

NOTIONS

- PARTICULARITÉ DU VERBE *NE*
- LA PROPOSITION SUBORDONNÉE RELATIVE
- DIRE L'HEURE

LE VOYAGE À SAINT-LOUIS

Ndiawar Gadiaga : Raki ! As-tu appelé Omar ?

Raki Sonko : Je viens tout juste de l'appeler *(je l'ai appelé maintenant seulement)*.

Ndiawar Gadiaga : Il se prépare, j'espère *(il se prépare, est-ce que)* ?

Raki Sonko : Il dit *(il a dit)* qu'il ne peut plus aller à Saint-Louis.

Ndiawar Gadiaga : Il a différé le voyage *(la route)* ?

Raki Sonko : Il a un imprévu *(il a un besoin qui l'a surpris)* à Kolda.

Ndiawar Gadiaga : Ne parle pas de malheur *(dis la paix)* !

Raki Sonko : Mon oncle nous prêtera sa voiture.

Ndiawar Gadiaga : Tu as fini par trouver *(tu as fini par avoir)* un hôtel ?

Raki Sonko : Oui. J'ai réservé une chambre avec télé et Wifi *(oui, j'ai attrapé une chambre qui a télé et Wifi)*.

Ndiawar Gadiaga : Tu es la meilleure *(tu n'as pas de semblable)*.

Raki Sonko : Je sais bien que tu voudras voir le match.

Ndiawar Gadiaga : Le festival de jazz commence à quelle heure ?

Raki Sonko : Le programme est sur la table.

Ndiawar Gadiaga : Si nous partons tôt le matin, nous aurons le temps de nous reposer.

Raki Sonko : Tu avais reçu les billets, n'est-ce pas ?

Ndiawar Gadiaga : Ils sont dans ma sacoche.

Raki Sonko : Je préparerai des sandwichs pour la route.

TUKKI NDAR BI

Njawar Gajaga : Ràkki ! Woo nga Omar ?

Ràkki Sonko : Woo naa ko léegi rekk.

Njawar Gajaga : Mu ngiy waaj, mbaa ?

Ràkki Sonko : Mu ne mënatula dem Ndar.

Njawar Gajaga : Dafa fomm yoon wi ?

Ràkki Sonko : Dafa am soxla su ko bett Koldaa.

Njawar Gajaga : Waxal jàmm !

Ràkki Sonko : Sama nijaay dina nu abal wotoom.

Njawar Gajaga : Mujje ngaa am hôtel ?

Ràkki Sonko : Waaw. Jàpp naa néeg bu am télé ak Wifi.

Njawar Gajaga : Amoo moroom.

Ràkki Sonko : Xam naa bu baax ne dinga bëgga seetaan match bi.

Njawar Gajaga : Festivalu jazz bi ban waxtu lay tàmbali ?

Ràkki Sonko : Programme baa ngi ci kow taabal bi.

Njawar Gajaga : Su nu teelee xéy, dinanu am jotu noppalu.

Ràkki Sonko : Jotoon nga billet yi, te-du ?

Njawar Gajaga : Ñu ngi ci sama sacoche.

Ràkki Sonko : Dinaa defar ay sandwich ngir yoon wi.

■ COMPRENDRE LE DIALOGUE
SPÉCIFICITÉ CULTURELLE

→ Njawar dit à Raki : "**Waxal jàmm !**" parce que l'empêchement d'Omar, qui devait les conduire dans sa voiture, est pour lui une fâcheuse nouvelle. Littéralement, **waxal jàmm** signifie "dis paix" ; ce qui veut dire *dis quelque chose qui soit agréable à entendre / ne parle pas de malheur*.

SPÉCIFICITÉ LINGUISTIQUE

→ **Yoon** est plus employé pour dire *voie*, *chemin*.
Il peut par ailleurs prendre le sens de : *religion*, *justice*, *norme*, *fois*, *voyage*.
Il y a des verbes appropriés pour indiquer le moment où on s'en va de la maison : **njëlu**, **fajaru** *à l'aube* ; **xéy** *le matin* ; **gont** *en début d'après-midi* ; **rañaan** *la nuit*.

→ L'heure, en général, est dite en français avec une altération de la prononciation.
Exemple : **siiseer** *6 heures*.

- Quand X heure est passée de X minutes, on dira X heure **tegal na** X minutes. Exemple : **siseer tegal na fukki minit** = *6 h 10*.
- Quand X heure est moins X minutes, on dira X heure **des na** X minutes.
Exemple : **siseer des na fukki minit** = *6 h moins 10*.
- **At mi** *l'an, l'année* (**at** veut dire aussi *âge*),
- **Weer wi** *le mois*,
- **Ayubés bi** *la semaine*,
- **Waxtu wi** *le moment ; l'heure*,
- **Minit bi, simili si** *la minute*.

◆ GRAMMAIRE
PARTICULARITÉ DU VERBE *NE*

Le verbe **ne** *dire* se comporte différemment de son synonyme **wax**.
Alors que **wax na** (*il a parlé*) et **mu ngiy wax** (*il parle*) s'opposent comme accompli/inaccompli, on ne peut pas avoir la paire **ne na** (*il a dit*) versus **mu ngiy ne** (intraduisible).
Le verbe **ne** ne peut pas être construit avec la marque de l'inaccompli **-y**.
Traduire **Mu ne mënatula dem Ndar** par *Il dit qu'il ne peut plus aller à Saint-Louis* est acceptable mais *Il a dit qu'il ne peut plus aller à Saint-Louis* est plus conforme au wolof.

LA PROPOSITION SUBORDONNÉE RELATIVE

Vous savez que le pronom relatif se forme avec les mêmes consonnes que celles de l'article : **b-**, **g-**, **j-**, **k-**, **l**, **m**, **s-**, **w** au singulier, **y** et **ñ** au pluriel. (cf. module 4).
Il sert à introduire une proposition subordonnée relative comme dans la phrase : **Dafa am soxla su ko bett Kolda** (litt. "Il a un besoin qui l'a surpris à Kolda") *Il a un imprévu à Kolda*.

● VOCABULAIRE

tukki *voyager, voyage*
fomm *annuler, différer, reporter, remettre à un autre moment*
bett *surprendre*
abal *prêter*
mujje *finir par*
moroom *semblable, pareil*
seetaan *regarder un spectacle, une scène / un match*
teel *faire quelque chose de bonne heure, être tôt*
xéy *partir le matin, aller travailler le matin*

▲ EXERCICES

1. CONJUGUEZ LA PHRASE PUIS RÉÉCRIVEZ LA CONJUGAISON AVEC LE VERBE EN TÊTE DE PHRASE.

Mu ngiy waaj.

2. PARMI LES MOTS DE LA COLONNE 1 CI-DESSOUS, CERTAINS SONT EMPLOYÉS AVEC LE A VERBAL. RÉÉCRIVEZ CEUX-CI DANS LA COLONNE 2.

Pour rappel : le **a** verbal introduit un verbe en s'attachant au mot, quel qu'il soit, qui précède ce verbe. Il peut, le cas échéant, être fusionné avec la voyelle finale de ce mot. Exemple : **Dama cee mos** *J'en ai goûté* > **dama ci** + **a mos** ; **maa ngiy waaja dem** *je m'apprête à partir* > **maa ngiy waaj** + **a dem**.

COLONNE 1	COLONNE 2	COLONNE 1	COLONNE 2
baa		naa	
bëgga		nga	
dina		ngaa	
dinaa		soxla	
mbaa		teelee	
mënatula		woo	

3. ÉCOUTEZ LA PHRASE EN COMPLÉTANT AVEC LE PRONOM PERSONNEL DEMANDÉ.

26

Dina (1re pers. du sing.) abal wotoom. *Il me prêtera sa voiture.*
Dina (2e pers. du sing.) abal kameraam. *Il te prêtera sa caméra.*
Dina (3e pers. du sing.) abal dàllam. *Elle lui prêtera ses chaussures.*
Dina (1re pers. du pl.) abal këram. *Elle nous prêtera sa maison.*
Dina (2e pers. du pl.) abal gaalam. *Il vous prêtera sa pirogue.*
Dina (3e pers. du pl.) abal fasam. *Elle leur prêtera son cheval.*

4. – RELEVEZ LES PHRASES DU DIALOGUE QUI SONT CONSTRUITES AVEC UN PRONOM RELATIF.

– QUAND C'EST POSSIBLE, RÉÉCRIVEZ CES PHRASES EN METTANT LE PRONOM RELATIF AU PLURIEL.

26. À L'HÔTEL

CI HÔTEL BI

OBJECTIFS

- SE RENSEIGNER SUR L'HÔTEL ET LES COMMODITÉS
- DÉCOUVRIR LA GASTRONOMIE SÉNÉGALAISE

NOTIONS

- LE SUFFIXE CAUSATIF *-LU*
- LANGUE EN SITUATION ET EMPLOI DES CLASSES DES NOMS
- LES FONCTIONS DE *REKK*

APRÈS UN LONG VOYAGE

Réceptionniste : Soyez les bienvenus.

Raki Sonko : Merci.

Réceptionniste : Vous avez voyagé sous la chaleur *(vous avez marché par la chaleur)*. **Vous devez être épuisés.**

Raki Sonko : Pourtant, il ne faisait pas trop chaud.

Réceptionniste : Vous avez réservé *(vous avez fait attraper)* une chambre ?

Raki Sonko : Oui.

Réceptionniste : À quel nom ?

Raki Sonko : Ndiawar

Réceptionniste : Ndiawar, Ndiawar, ah, Ndiawar Gadiaga.

Raki Sonko : J'espère qu'il n'y a pas de bruit ?

Réceptionniste : Non !

Raki Sonko : Il y a un distibuteur de billets dans les parages *(dans ce côté)* ?

Réceptionniste : Dès que vous sortirez *(quand vous serez sortie seulement)*, **sur votre droite, au coin de la rue.**

Raki Sonko : Vous préparez des plats du Sénégal ?

Réceptionniste : Oh, oui ! Yaasa, maafe, riz au poisson et autres. Votre pièce d'identité.

Raki Sonko : Ndiawar, donne-la-lui.

Réceptionniste : Merci. Combien de jours comptez-vous rester ici *(combien de jours avez-vous l'intention de rester ici)* ?

Raki Sonko : Nous passerons deux nuitées ici *(nous passerons la nuit ici deux nuits)*.

Réceptionniste : Ousmane ! Conduis les hôtes à la chambre Repos *(emmène les hôtes à la chambre Repos)*.

JÓGE CI TUKKI BU SORI

Réceptionniste : Dalleen ci jàmm !

Ràkki Sonko : Jërëjëf.

Réceptionniste : Doxe ngeen naaj. War ngeena sonn, xanaa.

Ràkki Sonko : Ndaxam tànguloon lool.

Réceptionniste : Dangeen jàpplu néeg ?

Ràkki Sonko : Waaw.

Réceptionniste : Ci ban tur la ?

Ràkki Sonko : Njawar.

Réceptionniste : Njawar, Njawar, aa Njawar Gajaga.

Ràkki Sonko : Mbaa amul coow ?

Réceptionniste : Déedéet !

Ràkki Sonko : Am na DAB ci wet gii ?

Réceptionniste : Boo génnee rekk, ci sa ndeyjoor, ci koñ bi.

Ràkki Sonko : Dingeen di togg toggu Senegaal ?

Réceptionniste : Waawaaw ; yaasa, maafe, ceebu jén ak ñoom seen. Sa dantite.

Ràkki Sonko : Njawar, jox ko ko !

Réceptionniste : Jërëjëf. Ñaata fan ngeen fi nara des ?

Ràkki Sonko : Dinanu fi fanaan ñaari guddi.

Réceptionniste : Usmaan ! Yóbbul gan yi ci chambre Noflaay.

■ COMPRENDRE LE DIALOGUE
SPÉCIFICITÉ CULTURELLE

→ Aujourd'hui, on trouve des hôtels dans toutes les grandes villes du Sénégal. Leurs tarifs varient en fonction du confort qui va du luxueux au modeste mais correct. Les chambres d'hôtes se sont multipliées un peu partout. Globalement, il n'y a pas de problème d'insécurité mais, comme partout, ne laissez pas traîner vos objets précieux. Le Sénégal est connu comme étant le pays de la **teraanga** (*hospitalité*) donc soyez gentils avec tout le monde sans trop de familiarité. Aux environs des marchés et des villages artisanaux, certains rabatteurs sont envahissants et parfois agressifs verbalement. Vous pouvez tenter de les éloigner avec un **Jërëjëf, ba beneen** *Merci, ce sera pour une prochaine fois*.

→ Le **ceebu jén** ou *riz au poisson* est le plat le plus connu de la cuisine sénégalaise. Le poisson que l'on choisit est en général le **coof** ou *mérou*. En garniture, il y a divers légumes : chou, aubergine, carotte, navet, gombo, tomate amère, etc. Pour finir de relever votre plat, il y aura du tamarin cuit dans le jus et du **bëgëj** ou **bisaab** : une purée d'oseille. Le connaisseur réclamera du **xóoñ** dans son assiette : le fond de riz un peu cramé, attaché à la marmite.

→ Le **maafe**, recette du Mali mais très répandue au Sénégal, est une sauce à base de **tigedege** ou **dakatine** (*pâte d'arachide*) que l'on sert avec du riz nature. L'accompagnement peut être de la viande ou du poisson.

→ Le **yaasa**, *griller* en créole portugais de la Casamance, région sud du Sénégal, est une grillade de poisson servie avec une sauce aux oignons. On le mange avec du riz nature.

SPÉCIFICITÉ LINGUISTIQUE

De nombreux locuteurs utilisent **naaj** pour désigner *le soleil* or *le soleil* se dit **jant bi** ; **naaj** renvoie plutôt à la chaleur ou à la lumière du soleil.

◆ GRAMMAIRE
LE SUFFIXE CAUSATIF -LU

Le suffixe **-lu** exprime l'idée de *faire faire*, comme dans l'énoncé **Dangeen jàpplu néeg** *Vous avez fait réserver une chambre ?*
Attention ! Le suffixe **-lu** est incompatible avec la mention explicite de l'agent ; on ne peut pas nommer cette tierce personne qui fait l'action.
En wolof, on peut dire *Je fais coudre une robe* **Damay ñawlu robe** mais, à cause du suffixe **-lu**, on ne peut pas nommer Sophie pour dire *Je fais coudre une robe par Sophie* autrement dit, on ne dira pas **Damay ñawlu robe Sófi**. L'emploi du suffixe **-lu** est incompatible avec l'emploi de l'agent **Sófi** (la personne qui fait l'action).

LANGUE USUELLE ET EMPLOI DES CLASSES DES NOMS

Vous constaterez plus d'une fois que tel nom n'a pas été utilisé avec la consonne de classe qui convient. Le locuteur dont le wolof est la première langue a cette aisance mais, dans l'idéal, il ne faut pas l'imiter. Dans la réplique **Ci ban tur la ?**, **tur** appartient à la classe **-w**. Donc le réceptionniste aurait dû dire **Ci wan tur la ?**

C'est surtout par ignorance que l'on fait ce genre de faute. En wolof, de même qu'en français, on apprend le genre des noms par la pratique. Cependant, on peut retenir que :
- les noms d'arbres et de villes sont dans la classe **g-** ; exemple : **màngo gi** *le manguier*
- les noms de fruits sont dans la classe **b-** ; exemple : **màngo bi** *la mangue*
- les noms de liquides en général sont dans la classe **m-** ; exemple : **ndox mi** *l'eau* ; **meew mi** *le lait*
- les termes de parenté sont dans la classe **j-** ; exemple : **jabar ji** *l'épouse* ; **maam ji** *le grand-parent*
- les noms empruntés au français entrent dans la classe **b-** ; exemple : **taabal bi** *la table* ; **oto bi** *la voiture*.
- les noms empruntés à l'arabe entrent dans la classe **j-** en général ; **altine ji** *le lundi* ; **jumaa ji** *la mosquée*.
- les noms de personnes entrent dans la classe **m-** ; exemple : **Omar man** *Quel Omar ?* ; **Xale ban** *Quel enfant ?* ; **Badu mi ma xam...** *(le) Badou que je connais...* ; **Ndaw si ma xam ...** *La dame que je connais ...* Particularité : **nit** *personne*, **këf** *chose*, quand ils sont au singulier, sont les seuls mots de la classe **k-**. N'oubliez pas qu'il y a toujours des exceptions (cf. module 28).

LES FONCTIONS DE *REKK*

rekk (*seulement*) est plus employé comme adverbe.

Il peut aussi avoir la même fonction que les locutions conjonctives *dès que* ; *à partir du moment où* comme dans **Boo génnee rekk, ci sa ndeyjoor, ci koñ bi** *Dès que vous serez sortie, sur votre droite, au coin de la rue*.

⚠ EXERCICES

1. APRÈS AVOIR ÉCOUTÉ LES QUESTIONS, TRADUISEZ-LES PUIS DONNEZ LES RÉPONSES EN WOLOF

a. Lan la réceptionniste bi wax Ràkki ak Njawar bi ñu agsee ?

b. Ndax hôtel bi am na coow ?

c. Lan la Njawar wara jox réceptionniste bi ?

2. COMPLÉTEZ LE TABLEAU DE CONJUGAISON.

1.	2.	3.	4.
	Dama jàpplu néeg.	Bu ma génnee.	
Doxe nga naaj.			Ñaata fan nga fi nara des ?
	Dafa jàpplu néeg.	Bu génnee.	
Doxe nanu naaj.			Ñaata fan lanu fi nara des ?
	Dangeen jàpplu néeg.	Bu ngeen génnee.	
Doxe nañu naaj.			Ñaata fan lañu fi nara des ?

3. RÉÉCRIVEZ LES PHRASES SUIVANTES À LA FORME AFFIRMATIVE SI ELLES SONT À LA FORME NÉGATIVE ET INVERSEMENT.

a. Ndaxam tànguloon.

b. Jox ko ko !

c. Dinanu fi fanaan ñaari guddi.

d. Yóbbul gan yi ci chambre Noflaay.

4. ÉCOUTEZ CHAQUE PHRASE EN FAISANT ATTENTION À L'INTONATION, PUIS RÉPÉTEZ-LA.

27

a. Ci ban tur la ?

b. Dangeen jàpplu néeg ?

c. Mbaa amul coow ?

d. Dingeen di togg toggu Senegaal ?

● VOCABULAIRE

war *devoir*
sonn *être épuisé, être fatigué*
tàng *être chaud, faire chaud, avoir chaud*
mbóot *cafard*
jinax (variante **janax**) *souris*
génn *sortir*
koñ *coin, angle*
ñoom seen *et autre, et consort*
nar *avoir l'intention de*
guddi *nuit*
yóbbu *emmener, emporter*
noflaay *repos*

27. SORTIR
GÉNN

OBJECTIFS

- ARGUMENTER ET TROUVER UN TERRAIN D'ENTENTE
- REFUSER

NOTIONS

- LA LOCUTION CONJONCTIVE *SU FEKKEE NE*
- LE NUMÉRAL *BENN* COMME ÉQUIVALENT DE "AUCUN"
- EXPRIMER LE REFUS AVEC *BAÑ*
- RAPPEL DU *-I* D'ÉLOIGNEMENT ET DU *-SI* DE RAPPROCHEMENT

ALLONS NOUS PROMENER

Raki Sonko : Ndiawar, et si nous allions voir la régate *(nous n'irons pas voir la régate)* ?

Ndiawar Gadiaga : C'est à quelle heure ?

Raki Sonko : Elle démarre à 16 heures *(c'est à 16 heures qu'elle commence)*.

Ndiawar Gadiaga : Et mon match alors ?

Raki Sonko : Je la suivrai alors à la télé tant pis *(je la regarderai alors à la télé)*.

Ndiawar Gadiaga : Et moi, je fais comment ?

Raki Sonko : Ne t'inquiète pas : à l'accueil, il y a une télé.

Ndiawar Gadiaga : Si tu préfères rester dans la chambre, je peux aller à l'accueil *(s'il se trouve que rester dans la chambre c'est ça qui est mieux pour toi, je peux aller à l'accueil)*.

Raki Sonko : Là-bas, ce sera même plus animé pour toi *(là-bas, c'est là qui sera même plus animé pour toi)*.

Ndiawar Gadiaga : Quand le match sera terminé, nous irons nous promener dans Saint-Louis.

Raki Sonko : Connais-tu Guéte-Ndar ?

Ndiawar Gadiaga : Je suis passé devant, allant à Gokhou-Mbadj.

Raki Sonko : Omar est de Gokhou-Mbadj *(Omar est gens de Gokhou-Mbadj)*.

Ndiawar Gadiaga : C'est avec lui que j'y étais allé, à l'occasion d'un baptême *(à un baptême)*.

Raki Sonko : Vous ! Toujours à faire la bringue *(vous ! faire la bringue seulement)*.

Ndiawar Gadiaga : Et vous ? Aucune cérémonie ne vous échappe.

Raki Sonko : C'est pour entretenir les relations *(nous suivons les relations)*.

Ndiawar Gadiaga : Bon, tu n'as pas encore répondu. On se promène ou pas *(se promener ou manquer de se promener)* ?

NANU DOXANTUJI

Ràkki Sonko : Njawar, dunu seetaani régate bi ?

Njawar Gajaga : Ban waxtu la ?

Ràkki Sonko : 16 heures lay door.

Njawar Gajaga : Sama match bi nak ?

Ràkki Sonko : Ma seetaan ko boog ci télé bi.

Njawar Gajaga : Kon, man, nu may def ?

Ràkki Sonko : Bul jaaxle : Ci accueil bi am na télé.

Njawar Gajaga : Su fekkee ne des ci néeg bi moo la gënal, mën naa dem ca accueil ba.

Ràkki Sonko : Foofa mooy gëna xumb sax ci yow.

Njawar Gajaga : Bu match bi jéexee, nu doxantuji biir Ndar.

Ràkki Sonko : Xam nga Get-Ndar ?

Njawar Gajaga : Romb naa fa, doon dem Goxu-Mbaaj.

Ràkki Sonko : Omar, waa Goxu-Mbaaj la.

Njawar Gajaga : Moom laa fa àndaloon, ci benn ngénte.

Ràkki Sonko : Yeen, mbumbaay rekk.

Njawar Gajaga : Yeen nak ? Benn xew du leen rëcc.

Ràkki Sonko : Danuy topp kóllare.

Njawar Gajaga : Waaw, tontooguloo. Doxantu wala baña doxantu ?

■ COMPRENDRE LE DIALOGUE

SPÉCIFICITÉ CULTURELLE

L'organisation de la régate est bien ancrée à Saint-Louis particulièrement, mais également dans d'autres villes du littoral sénégalais. Elle se déroule dans une ambiance de rivalité très fraternelle. Un beau spectacle à ne pas rater.

Le mot régate est à jamais phagocyté par la langue wolof, il se dit **rawante gaal** en wolof mais l'emprunt a son charme, peut-être lié au passé de Saint-Louis.

◆ GRAMMAIRE

LA LOCUTION CONJONCTIVE *SU FEKKEE NE*

Su fekkee ne			
su	**fekk**	**-ee**	**ne**
si	*trouver*	*marque d'antériorité*	*que*

Il arrive que le locuteur supprime le **ne** mais cela n'a aucune incidence. En tant que locution on peut traduire **su fekkee ne** par *si* ou *s'il se trouve que*.
Quand **su fekkee (ne)** est une proposition elle signifie *s'il trouve (que)*.

QUAND LE NUMÉRAL *BENN* DEVIENT "AUCUN"

Quand le numéral **benn** détermine un nom qui est sujet d'un verbe à la forme négative, il équivaut à *aucun*, comme dans l'énoncé **Benn xew du leen rëcc**.

Benn xew du leen rëcc.				
benn	**xew**	**du**	**leen**	**rëcc**
un	*cérémonie*	*3ᵉ pers. sing. futur*	*vous*	*échapper*
Aucune cérémonie ne vous échappera (litt. "Vous ne laissez passer aucune cérémonie").				

RAPPEL DU SUFFIXE D'ÉLOIGNEMENT *-I* ET DU SUFFIXE DE RAPPROCHEMENT *-SI*

Le suffixe **-i** apporte au verbe l'idée de *partir*. Ainsi, dans le titre, **doxantuji** formé de **doxantu** *se promener* et **-i** *partir* signifie littéralement "se promener-partir". Le **-j-** (appelé consonne épenthétique) sert de tampon entre les voyelles **u** et **i**. Mais, on peut dire **nanu dem doxantu**, sans **-i** au verbe **doxantu**. Rappelez-vous aussi que le verbe **dem** et le suffixe **-i** sont compatibles. On peut dire **Nanu dem doxantuji**. À l'inverse du suffixe **-i**, le suffixe **-si** ajoute la connotation *venir*.

● VOCABULAIRE

doxantu *se promener*
bañ *refuser, ne pas* (suivi de verbe), *manquer de* (suivi de verbe) ; *haïr*
door *commencer*
boog *alors, donc*
jaaxle *s'inquiéter*
su fekkee ne *si*
xumb *être animé*
jéex *être terminé*
romb *passer devant, dépasser*
mbumbaay *faire la bringue*
rëcc *échapper*
kóllare *relation, lien*
tontu *répondre* (à une question)

LE VERBE *BAÑ*

Bañ est un verbe signifiant *refuser,* **Danga baña naan sa garab ?** *Tu refuses de boire ton médicament ?*
Dans une alternative, il sera traduit par *ne pas* + verbe ; **Nekk wala baña nekk** *être ou ne pas être* ; **Doxantu walla baña doxantu ?** *Se promener ou ne pas se promener ?*
Hors d'un énoncé constituant une alternative, il sera traduit par *ne pas vouloir* + verbe ; **Dama baña daanu** *Je ne veux pas tomber (= J'évite de…).*
Quand il est suivi d'un nom il signifie *haïr* (**Dafa bañ Usmaan** *Il hait Ousmane*).

EXERCICES

1. RELEVEZ DANS LE DIALOGUE LES PHRASES OÙ IL Y A UNE EXPRESSION DU FUTUR.

Pour rappel : le futur s'exprime par l'emploi de la conjugaison en **dina** ou par la marque de l'inaccompli **y** ou **di**.

2. ÉCRIVEZ LES PHRASES SUIVANTES AU PASSÉ.

a. Ban waxtu la ?

b. Mën naa dem ca accueil ba.

c. Danuy topp kóllare.

d. Waaw, tontooguloo.

3. ÉCOUTEZ CES QUESTIONS PUIS RÉPONDEZ PAR ÉCRIT EN WOLOF.

a. Lu tax Ràkki di seetaan régate bi ci télé bi ?

b. Lu tax Ràkki ne Njawar bu mu jaaxle ?

c. Lu Njawar bëgga def bu match bi jéexee ?

d. Ku Njawar àndaloon Goxu-Mbaaj ?

4. DITES QUELS SONT LES ÉLÉMENTS QUI CONSTITUENT CHACUN DES MOTS SUIVANTS PUIS TRADUISEZ-LES OU INDIQUEZ CE QU'ILS EXPRIMENT.

Par exemple : **waxaat** = **wax** + **aat**
wax *parler* ; **aat** suffixe qui indique la répétition = *répéter*

a. seetaani

b. àndaloon

c. tontooguloo

28.
AU RESTAURANT
CI RESTAURANT BI

OBJECTIFS

- PASSER COMMANDE AU RESTAURANT
- RÉPONDRE AU SERVEUR

NOTIONS

- LA CONCORDANCE NOM-CLASSE
- LA PLACE DE *KON*
- LES NOMS D'ESSENCE ET L'ARTICLE
- *NDAX* SUIVI DE LA CONJUGAISON DU MINIMAL

ALLONS MANGER DU DIBI

Ndiawar Gadiaga : Mon ami, à combien vendez-vous le kilo de mouton ?

Serveur : 5000 francs seulement pour vous.

Raki Sonko : Prépare-nous *(fais-nous griller)* deux kilos de côtelettes et quatre andouilles.

Ndiawar Gadiaga : Moi, je ne mange pas d'andouille.

Raki Sonko : Mettez deux andouilles alors.

Serveur : C'est à emporter *(vous l'emportez)* ?

Raki Sonko : Non, nous mangerons sur place *(c'est ici que nous le mangerons)*.

Serveur : Où préférez-vous, à l'intérieur ou à l'extérieur *(c'est où qui est meilleur pour vous)* ?

Raki Sonko : Qu'en penses-tu, Ndiawar ?

Ndiawar Gadiaga : Où que nous nous mettions *(par où que nous nous asseyons)*, **nous serons bien.**

Raki Sonko : Allons à l'extérieur ; il fera plus frais là-bas *(c'est là-bas qu'il fera plus frais)*.

Serveur : Que voulez-vous boire *(c'est quoi que vous voulez boire)* ?

Ndiawar Gadiaga : Un coca pour elle ; moi une limonade *(elle, coca ; moi, limonade)*.

Serveur : De grandes bouteilles ou… ?

Ndiawar Gadiaga : Des petites.

Raki Sonko : Ne mettez pas de sel.

Serveur : Je mets de la moutarde et des oignons ?

Raki Sonko : Avec un peu de piment.

Ndiawar Gadiaga : Après ça *(quand tu auras quitté ça)*, **tu vas encore avoir tes brûlures d'estomac** *(ton ventre te fait chuter à nouveau)*.

Raki Sonko : Un peu de piment ne me fera pas de mal *(un peu de piment ne me diminuera pas quelque chose)*.

NANU LEKKI DIBI

Njawar Gajaga : Sama waay, ñaata ngay jaaye kilo xar bi ?

Jaaykat : 5000 francs rekk pour yeen.

Ràkki Sonko : Wàjjal nu ñaari kilo côtelettes ak ñenti laxas.

Njawar Gajaga : Man, dumay lekk laxas.

Ràkki Sonko : Defal ñaari laxas kon.

Jaaykat : Dangeen koy yóbbu ?

Ràkki Sonko : Fii lanu koy lekke.

Jaaykat : Fu leen gënal, ci biir am ci biti ?

Ràkki Sonko : Loo ci xalaat, Njawar ?

Njawar Gajaga : Fu nu tooge baax na.

Ràkki Sonko : Nanu dem ca biti ; foofaay gëna féex.

Jaaykat : Lu ngeen bëgga naan ?

Njawar Gajaga : Moom, coca, man, limonade.

Jaaykat : Butéel yu mag wala… ?

Njawar Gajaga : Yu ndaw.

Ràkki Sonko : Bul def xorom.

Jaaykat : Ma def moutarde ak soble ?

Ràkki Sonko : Ak tuuti kaani.

Njawar Gajaga : Boo ci jógee, sa biir bi daaneelati la.

Ràkki Sonko : Tuuti kaani du ma wàññi dara.

COMPRENDRE LE DIALOGUE
SPÉCIFICITÉ CULTURELLE

→ **dibi** est la viande grillée vendue dans une **dibiterie**. Le mot **dibiterie** viendrait du verbe *débiter*.

→ La plupart des amateurs de **dibi** la mangent systématiquement à la **dibiterie** plutôt que de l'emporter, comme si la norme était de la consommer sur place. En fait, quand il est encore tout chaud, on en sent moins le gras et il a donc meilleur goût.

◆ GRAMMAIRE
LA CONCORDANCE NOM-CLASSE

Dans la phrase **Sama waay, ñaata ngay jaaye kilo xar bi ?** l'article **bi** indique que l'accord est fait avec le nom **kilo** qui appartient à la classe **-b** et non avec **xar** qui, lui, appartient à la classe **-m**. Si nous avions une phrase comme *un kilo de ce mouton* nous aurions dit **benn kilo ci xar mii**.

Prenons un autre exemple : *Le petit de la chatte qui boit*. Qui est-ce qui boit ? Le petit ou la chatte ? Si la construction est ambiguë en français, elle ne l'est pas en wolof, et cela, grâce à la concordance nom/consonne de classe. En effet, à partir du moment où l'on sait que *petit* (au sens de progéniture, enfant) **doom** appartient à la classe **j-** et que *chatte* **muus** appartient à la classe **m-**, on va dire : **Doomu muus jiy naan** quand c'est le chaton qui boit, mais **Doomu muus miy naan** quand c'est la chatte qui boit.

LA PLACE DE *KON*

La conjonction **kon** (*donc, alors*) peut être placée au début ou à la fin de l'énoncé : **Kon, defal ñaari laxas** ou bien **Defal ñaari laxas kon**.

LES NOMS D'ESSENCE ET L'ARTICLE

Dans **Bul def xorom**, **xorom** ne prend pas d'article parce qu'ici, il est un nom indéfini et non comptable. C'est ce qui se passe en français dans la phrase suivante par exemple : *La consommation de viande en France inquiète*.

L'ASSOCIATION *NDAX* ET STRUCTURE DU MINIMAL

Le mot interrogatif **ndax** (*est-ce que*) est parfois sous-entendu comme dans la phrase **Ma def moutarde ak soble ?** Ici, il est associé à la structure dite minimale c'est-à-dire qu'on n'a pas utilisé les outils : **dafa**, **la**, **a**, **na**, **a ngi**, **dina**.

Attention à ne pas confondre **ndax** (*est-ce que*) avec **ndax** (*afin que*) ou **ndax** (*parce que*).

● VOCABULAIRE

dibi viande grillée vendue dans des **dibiteries**
yeen *vous*
wàjj *griller* (de la viande)
laxas *andouille, enrouler*
biir *intérieur, ventre*
am *ou bien*
biti *extérieur*
foofa *là-bas*
naan *boire*
ndaw *petit*
xorom *sel, saler*
daaneel *faire mal, terrasser*

▲ EXERCICES

1. À QUOI SERVENT LES *E* EN COULEUR DES MOTS SOULIGNÉS.

a. Sama waay, ñaata ngay jaaye kilo xar bi ?

b. Fii lanu koy lekke.

c. Fu nu tooge baax na.

2. TROUVEZ L'INTRUS PARMI LES *-AL* DE CES PHRASES ET EXPLIQUEZ POURQUOI.

a. Wàjjal nu ñaari kilo côtelettes ak ñenti laxas.

b. Defal ñaari laxas kon.

c. Fu leen gënal, ci biir am ci biti ?

3. DONNEZ LES VARIANTES DE CES QUESTIONS.

a. Fu leen gënal, ci biir am ci biti ?

b. Loo ci xalaat, Njawar ?

c. Lu ngeen bëgga naan ?

4. ÉCOUTEZ CES QUESTIONS PUIS RÉPONDEZ PAR ÉCRIT EN WOLOF.

a. Lu tax Ràkki wax jaaykat bi mu def ñaari laxas rekk ?

b. Lu tax Ràkki bëgg ñu dem ca biti ?

c. Kan moo bëgga naan coca ?

29. PROJETS DE VACANCES
MÉBÉTU VACANCES

OBJECTIFS	NOTIONS
• ÉTABLIR L'ITINÉRAIRE DES VACANCES • ÉVOQUER LES ACTIVITÉS POSSIBLES • CONNAÎTRE DES NOMS D'ANIMAUX	• *LU JËM CI* : PROPOSITION OU LOCUTION • *DE* : PARTICULE D'INSISTANCE • *NGIR* CONJONCTION DE SUBORDINATION OPTIONNELLE • SUJET RÉEL ET SUJET GRAMMATICAL SANS ACCORD

BIENTÔT LES VACANCES

Niokhor : Nous n'avons encore rien décidé concernant les vacances.

Anie : *(Tous)* Ces jours-ci, c'est à cela que je pense.

Niokhor : Où irons-nous cette année *(c'est où que nous irons cette année)* ?

Anie : La plage de Ngaparou est agréable pour se baigner en tout cas.

Niokhor : Et il y a un nouveau court de tennis.

Anie : Les enfants pourront aller voir les oiseaux à la volière.

Niokhor : Je louerai une pirogue pour que nous allions visiter la baie de Somone avec les enfants.

Anie : Ainsi, j'irai faire des vœux *(j'irai prier)* au Baobab sacré.

Niokhor : Je pensais aussi vous emmener à la Réserve de Bandia.

Anie : Qu'est-ce qu'il y a là-bas *(c'est quoi qu'il y a là-bas)* ?

Niokhor : On y trouve de tout *(tout y est)* : hyènes, phacochères, girafes, crocodiles, singes, rhinocéros, cobs…

Anie : Il y a des lions ?

Niokhor : Je n'avais pas vu de lions quand j'y suis allé.

Anie : Et ce qui est plus agréable : les vacances coïncideront avec la saison des mangues mûres.

Niokhor : C'est plus cela que les enfants attendent impatiemment.

Anie : Pas plus que toi *(personne ne te dépasse)*.

Niokhor : Mon corps a besoin de repos.

Anie : Patience, c'est bientôt les vacances *(patiente, bientôt les vacances atteindront)*.

LÉEGI VACANCES YI JOT

Ñoxor : Dogalagunu dara lu jëm ci vacances yi.

Ani : Fan yii yépp, loolu laay xalaat.

Ñoxor : Fan lanuy dem ren ?

Ani : Tefesu Ngapparu gi neex naa sangoo de.

Ñoxor : Te am na court de tennis bu bees.

Ani : Xale yi dinañu mëna dem ca volière ba seeti picc yi.

Ñoxor : Dinaa louer gaal, nu wëri baie de Somone bi ak xale yi.

Ani : Bu ko defee, ma dem ñaani ca Baobab sacré ba.

Ñoxor : Maa ngi doon xalaat itam yóbbu leen Réserve de Bandia.

Ani : Lan moo fa am ?

Ñoxor : Lépp a nga fa : bukki, mbaam-àll, njamala, jasig, golo, rhinocéros, kooba…

Ani : Am na gaynde ?

Ñoxor : Gisuma woon gaynde ba ma fa demee.

Ani : Te, li gëna neex, vacances yi dafay yemook màngo ñor.

Ñoxor : Loolu la xale yi gëna yàkkamti.

Ani : Kenn rawu la.

Ñoxor : Sama yaram dafa soxla noflaay.

Ani : Muñal, léegi vacances yi jot.

■ COMPRENDRE LE DIALOGUE
SPÉCIFICITÉ CULTURELLE

→   Certains arbres, les baobabs en particulier, sont dits sacrés. Des génies sont censés les habiter. Sacrés ou non, génies ou non, ce sont des pôles d'attraction, objets de mythes, vestiges du passé, témoins d'une culture, symboles d'une civilisation. Les touristes font le détour ; des autochtones y vont pour se ressourcer, faire des libations ou des vœux.

→   Au détour d'une conversation, on vous parlera peut-être des **guy-géwél** (litt. "baobab-griot"), énormes baobabs dans les troncs desquels on inhumait les griots en les mettant en position assise, adossés à la paroi du tronc. D'après les croyances, les enterrer ailleurs souillerait la terre. Le griot, malencontreusement ; est compris comme étant une sorte de ménestrel laudateur ou batteur de tambour, mais en réalité, il était conseiller du roi, et, gardien de la mémoire du passé, il est historien. Puisque nous parlons de baobab, ne manquez pas d'aller voir le magnifique Baobab couché à la Somone.

→   Le nom **rhinocéros** est plus employé que le nom wolof **wàngalàng** qui désigne aussi la licorne probablement à cause de leur corne.

◆ GRAMMAIRE
LU JËM CI : PROPOSITION OU LOCUTION

Comme élément de proposition, **lu jëm ci** veut dire *quelque chose qui va vers* mais **lu jëm ci** peut constituer une seule unité et avoir le statut de locution signifiant *concernant*.

DE : PARTICULE D'INSISTANCE

On emploie la particule **de** pour insister sur un nom ou sur un verbe.
Exemples :
- **Man de, lekk naa bu baax** *Moi, en tout cas, j'ai bien mangé.*
- **Du man de** *Ce n'est pas moi hein.*
- **Dinga dem de** *Tu partiras hein.*

Faute de trouver un bon équivalent pour **de**, parfois, le locuteur l'emploie tel quel dans sa phrase en français :
- **Man de, lekk naa bu baax moi**, *(de) J'ai bien mangé.*
- **Du man de** *Ce n'est pas moi (de).*
- **Dinga dem de** *Tu partiras (de).*

NGIR CONJONCTION DE SUBORDINATION OPTIONNELLE

Ngir peut être une préposition comme dans **Def ko ngir man** *Fais-le pour moi*.

Il peut aussi être une conjonction de subordination et introduire une proposition subordonnée de but. Dans ce cas, on peut optionnellement l'omettre, comme dans la phrase **Xale yi dinañu mëna dem ca volière ba seeti picc yi** *Les enfants pourront aller à la volière voir les oiseaux* qui devient **Xale yi dinañu mëna dem ca volière ba ngir seeti picc yi** *Les enfants pourront aller à la volière pour voir les oiseaux.*

SUJET RÉÉL ET SUJET GRAMMATICAL SANS ACCORD APPARENT

Dans l'énoncé **vacances yi dafay yemook màngo ñor**, puisque **vacances** est au pluriel, on s'attend à **dañuy** (3ᵉ pers. pl.) plutôt qu'à **dafay** (3ᵉ pers. sing.). Il ne s'agit pas d'une faute : cette 3ᵉ pers. du sing équivaut à *cela, ça*. En somme : *Quand les vacances vont arriver, cela coïncidera avec la saison des mangues mûres.*

EXERCICES

1. TRADUISEZ EN WOLOF LES PHRASES SUIVANTES.

a. Je n'ai encore rien dit concernant les vacances.

b. La plage de Ngaparou est agréable pour se baigner.

c. Il n'y a pas de lions.

d. J'ai besoin de me reposer.

2. COMPLÉTEZ LE TABLEAU DE CONJUGAISON.

Waxaguma dara.	Je n'ai encore rien dit.
	Tu n'as encore rien dit.
Waxagul dara.	Il/Elle n'a encore rien dit.
	Nous n'avons encore rien dit.
	Vous n'avez encore rien dit.
Waxaguñu dara.	Ils/Elles n'ont encore rien dit.

Dinaa mëna dem.	Je pourrai partir.
Dinga mëna dem.	Tu pourras partir.
	Il/Elle pourra partir.
	Nous pourrons partir.
Dingeen mëna dem.	Vous pourrez partir.
	Ils/Elles pourront partir.

	Je n'avais pas vu de lions.
Gisuloo woon gaynde.	Tu n'avais pas vu de lions.
	Il/Elle n'avait pas vu de lions.
Gisunu woon gaynde.	Nous n'avions pas vu de lions.
Gisuleen woon gaynde.	Vous n'aviez pas vu de lions.
	Ils/Elles n'avaient pas vu de lions.

Muñal.	Patiente.
	Patientez.

3. FAITES UNE LISTE DES MOTS CONTENANT UN -U DE NÉGATION, PUIS UNE LISTE CONTENANT UN -U CONNECTIF ET SOULIGNEZ LES -U CONCERNÉS.

a. Waxagunu dara lu jëm ci vacances yi.

b. Fan yii yépp, loolu laay xalaat.

c. Tefesu Ngapparu gi neex naa sangoo de.

d. Kenn rawu la.

e. Bu ko defee, ma dem ñaani ca Baobab sacré ba.

f. Maa ngi doon xalaat itam yóbbu leen.

g. Gisuma woon gaynde.

● VOCABULAIRE

ren *l'année en cours, cette année*
tefes *plage, littoral*
sangu *se baigner*
picc *oiseau*
ñaan *prier, demander, prière*
bukki *hyène*
mbaam-àll *phacochère, sanglier*
golo *singe*
gaynde *lion*
neex *agréable, plaire*
yemoo *coïncider*
màngo *mangue*
ñor *mûr*
loolu *cela*
kenn *personne, quelqu'un*
muñ *patienter, endurer, supporter*

4. ÉCOUTEZ CES QUESTIONS PUIS RÉPONDEZ PAR ÉCRIT EN WOLOF.

a. Lan moo bees Ngapparu ?

b. Lu tax Ñoxor di louer gaal ?

c. Lu am ci Réserve de Bandia ?

30. DÉPART EN VACANCES
CI TANKU DEM VACANCES

OBJECTIFS	NOTIONS
• PRÉPARER SON VOYAGE ET SES BAGAGES • SUR LA ROUTE	• VOYELLES FINALES MUETTES • ÉCONOMIE DE L'EMPLOI DU PRONOM

NOUS PARTONS EN VACANCES

Anie : Les enfants, avez-vous dit au revoir à Papi ?

Niokhor : Allez ! Dépéchez-vous !

Papi : Bon voyage *(partez et venez en paix)* !

Niokhor : Vous n'avez rien oublié ?

Anie : Vous avez pris vos maillots de bain ?

Niokhor : Je suis sûr que vous n'avez pas pris vos cahiers de révisions.

Anie : Qui va conduire *(c'est qui qui va conduire)* ?

Niokhor : Conduis ! Au retour, je te relaierai *(quand nous serons en train de retourner…)*.

Anie : Je prends l'autoroute ?

Niokhor : Si nous passons par l'autoroute, nous ne verrons pas les villes que nous allons dépasser.

Anie : Ousmane, appelle Mamie Corinne, dis-lui que nous avons quitté Dakar.

Niokhor : Quand nous arriverons à Diamniadio, nous lui achèterons des noix de cajou.

Anie : Nous avons oublié de prendre la caméra.

Niokhor : Les enfants ont leur téléphone.

Anie : Les camions nous ralentissent.

Niokhor : Nous n'avons pas de rendez-vous, nous sommes en vacances.

Anie : Mais ils nous enfument avec leur fumée.

Niokhor : Il faut faire avec *(ça en fait partie)*.

Enfants *(quand ils sont arrivés)* **Ma-mie Co-rinne ! Ma-mie Co-rinne ! Ma-mie Co-rinne !**

NU NGIY DEM VACANCES

Ani : Xale yi, tàggu ngeen maam ?

Ñoxor : Aca, gaawleen !

Maam : Demleen te ñów ci jàmm.

Ñoxor : Fàttewuleen dara ?

Ani : Jél ngeen seen maillot de bain ?

Ñoxor : Wóor na ma ne jéluleen seen cahiers de révisions.

Ani : Kuy dawal ?

Ñoxor : Dawalal ! Bu nuy dellusi, ma awu la.

Ani : Damay jél autoroute ?

Ñoxor : Sun jaaree autoroute, dun gis dëkk yi nuy romb.

Ani : Usmaan, wool mami Korin, ne ko jóge nan Dakar.

Ñoxor : Bun tolloo Jamñaajo, jéndal ko ndaamaraas.

Ani : Fàtte nan jél caméra bi.

Ñoxor : Xale yaa ngeek seeni portables.

Ani : Camion yaa ngi nuy yiixal.

Ñoxor : Amun rendez-vous ; ci vacances lan ne.

Ani : Waaye ñoo ngi nuy xër ak seen saxaar si.

Ñoxor : Ci la bokk.

Xale yi (bi ñu agsee) Ma-mi Ko-rin ! Ma-mi Ko-rin ! Maa-mi Ko-rin !

■ COMPRENDRE LE DIALOGUE
SPÉCIFICITÉ CULTURELLE

→ Quand un membre de la famille part en voyage ou pour un simple déplacement en ville, on lui dit **Demal te ñów ci jàmm** (litt. "Pars et viens en paix"). S'il est important de lui souhaiter de *partir en paix* (**dem ci jàmm**), il n'est pas moins important de lui souhaiter de *revenir en paix* (**ñów ci jàmm**). C'est ainsi qu'en 2 en 1, on a **demal te ñów ci jàmm**.

→ **Ndaamaraas** ou **anacarde** est la noix tirée du fruit de l'anacardier après en avoir grillé la coque. Ce qu'on prend généralement pour le fruit, la pomme de cajou, est appelé en wolof **ndarkasu**, déformation de *pomme de cajou*.

→  **Dem na** veut dire *il est parti* mais, selon le contexte, il peut vouloir dire *il est décédé*. Il est d'usage dans certains foyers de verser un peu d'eau au seuil de la maison après le départ d'un membre de la famille en voyage pour que tout se passe bien. Certaines personnes croient qu'il y a des jours propices ou pas pour voyager. Mais les temps modernes bouleversent les mœurs et coutumes.

◆ GRAMMAIRE
VOYELLES FINALES MUETTES

La voyelle finale **u** peut être muette chez certains locuteurs. Pensez-y et rétablissez-la éventuellement. C'est le cas avec les mots en couleur dans les énoncés ci-dessous :

Sun jaaree autoroute, dun gis dëkk yi nuy romb. > **Sunu jaaree autoroute, dunu gis dëkk yi nuy romb.**

Usmaan, wool mami Korin, ne ko jóge nan Dakar. > **Usmaan, wool mami Korin, ne ko jóge nanu Dakar.**

Bun tolloo Jamñaajo, nu jéndal ko ndaamaraas. > **Bu nu tolloo Jamñaajo, nu jéndal ko ndaamaraas.**

Fàtte nan jél caméra bi. > **Fàtte nanu jél caméra bi.**

Amun rendez-vous, ci vacances lan ne. > **Amunu rendez-vous, ci vacances lanu ne.**

ÉCONOMIE DE L'EMPLOI DU PRONOM

Partons de la phrase **Bu nu tolloo Jamñaajo, nu jéndal ko ndaamaraas**.

bu	nu	tolloo	Jamñaajo	nu	jéndal	ko	ndaamaraas
quand	nous	arriver	Diamniadio	nous	acheter_pour	elle	noix_de_cajou

Qui est devenue : **Bun tolloo Jamñaajo, jéndal ko ndaamaraas**.

bun (voyelle muette)	tolloo	Jamñaajo		jéndal	ko	ndaamaraas

Deux choses sont à noter :

- La proposition subordonnée **Bun tolloo Jamñaajo** se trouve avant la proposition principale **jéndal ko ndaamaraas**.
- Le sujet du verbe de la proposition subordonnée et celui du verbe de la proposition principale étant la même personne, le sujet du verbe de la proposition principale peut être omis.

▲ EXERCICES

1. ÉCRIVEZ LA TRADUCTION DES PHRASES SUIVANTES.

a. Allez dire au revoir à mamie.

b. Nous sommes sûrs qu'il n'a pas bien travaillé.

c. Nous avons pris nos cahiers de révisions.

d. La voiture est lente.

2. RELEVEZ DANS LES PHRASES SUIVANTES LE PRONOM COMPLÉMENT.

a. Wóor na ma ne jéluleen seen cahiers de révisions.

b. Dawalal ! Bu nuy dellusi, ma awu la.

c. Usmaan, wool mami Korin, ne ko jóge nanu Dakar.

d. Bun tolloo Jamñaajo, nu jéndal ko ndaamaraas.

e. Camion yaa ngi nuy yiixal.

f. Waaye ñoo ngi nuy xër ak seen saxaar si.

3. ÉCRIVEZ LES RÉPONSES AUX QUESTIONS.

a. Kañ la Ñoxor bëgg dawal ?

b. Kan la Usmaan di wax "Jóge nanu Dakar" ?

c. Lu tax Ñoxor yàkkamtiwul ?

4. ÉCOUTEZ CHAQUE PHRASE EN FAISANT ATTENTION À L'INTONATION, PUIS RÉPÉTEZ-LA.

a. Xale yi, tàggu ngeen maam ?

b. Fàttewuleen dara ?

c. Jél ngeen seen maillot de bain ?

d. Damay jél autoroute ?

● VOCABULAIRE

tàggu *dire au revoir, prendre congé, demander la permission*
maam *grand-parent*
awu *relayer*
tolloo cf. **tollu** (fusion de **tollu** + **e** de réciprocité ; ou de **tollu** + **ee** d'antériorité)
ndaamaraas, **darkase** *noix de cajou, anacarde*
yiixal *ralentir* (**yiix**, *être lent*)
xër *enfumer*

LES CORRIGÉS DES EXERCICES

NOTE

Vous trouverez dans les pages qui suivent tous les corrigés des exercices proposés dans les modules qui précèdent. Les exercices enregistrés sont signalés par le pictogramme 🔊 suivi du numéro de la piste en streaming. Ils se trouvent sur la même piste que le dialogue de la leçon, à la suite de celui-ci ; ils portent donc le même numéro de piste.

1. SALUTATIONS

02 🔊 2. a. Jàmm rekk. – b. Waaw ! Waaw ! Nelaw naa kay. – c. Jàmm rekk.

3. a. gi – b. nelaw – c. nelaw

4. a. nga ou ngeen – b. nelaw – c. mbaa

2. SE RENCONTRER

03 🔊 2. a. Jàmm rekk. – b. Ñu nga fa. – c. Ñu ngi fi.

3. a. gi – b. ma – c. na

4. a. yendu – b. fan – c. dalal

3. PRENDRE CONGÉ

04 🔊 1. a. Sant Yàlla. – b. Dafay julli. – c. Ba beneen ci jàmm.

2. a. sant – b. julli – c. dégg

3. a. wonale – b. sama – c. Waxal

4. DÉMARCHES ADMINISTRATIVES

05 🔊 1. a. Maa ngi. – b. Am naa jëkkër. – c. Am naa fanweeri at.

2. a. nga – b. sama – c. bi

3. a. wetu – b. at – c. tollu

5. MA FAMILLE

06 🔊 1. a. Sama jarbaat la ak bàjjenam. – b. Mu nga Kawlax, ca nijaayam. – c. Sama mag ju góor ak sama mag ju jigéen lañu.

2. a. baay – b. lool – c. suweer

3. a. xool – b. mu – c. gaañu

6. DANS UNE USINE

07 🔊 1. a. Alfa Jàllo laa tudd. – b. Waaw. Yeneen yi, yu surga yi lañu. – c. Ci suuf ; suñuy néeg a taq.

2. a. comptable – b. kan – c. ñówee

3. a. mooy – b. Aka – c. taq

7. PREMIER CONTACT TÉLÉPHONIQUE

08 🔊 2. a. Man la ; Alfa Jàllo. – b. Waaw ; jélal nimoroom ! – c. Biy feeñ ci sa telefon la.

3. a. Kooku – b. Nimoroom – c. feeñ

4. a. bëggoona – b. jéemaat – c. feeñ

8. PREMIER RENDEZ-VOUS

09 🔊 2. a. Ñówal sama bureau gannaaw suba ngir nu waxtaan ci ! – b. Dangay jél Dem-Dikk 9, wàcc ⸮Le Dantec. – c. Liberté VI laay jóge !

3. a. xalaat – b. ñówal – c. soobee

4. a. xalaat – b. jéggee – c. soobee

9. À LA RECHERCHE D'UN LOGEMENT

10 🔊 1. a. Boroom kër gi. – b. Dafa soxla këram weer wu dee. – c. Néegu biir, saal, waañ ak wanag.

2. a. xalaat – b. nekk – c. kër

3. a. dëgmu – b. sama – c. Gu

10. AU TRAVAIL

1. a. Dàq nañu ko ba ëllëg. – b. Mbiru doxalinu liggéey bi. – c. Mooy nekk ponk bu jëkk bi.

2. a. tey – b. lool – c. rekk

11 🔊 3. a. gaa – b. yokkute – c. jógee

11. UN ENTRETIEN PROFESSIONNEL

1. a. Juróom-benni at. – b. Guléet. – c. Déggoo ak ñépp.

2. a. dem – b. bind – c. géj

12 🔊 3. a. génne – b. jàll – c. defagum

12. LE QUOTIDIEN

13 🔊 1. a. Uléy mooy dem marse / Uléy la. – b. Xujja mooy fóot / Xujja la. – c. Kayitu courant bi moo ñów démb ci ngoon / Kayitu courant bi la.

2. a. yaasa – b. dinaa – c. weer

3. a. duggi – b. kanamee – c. ñibbisi

13. LES TÂCHES MÉNAGÈRES

1. a. Uléy dafay fudd yére xale yi. – b. Ngooñ lay jéndal xar yi. – c. Demba mooy jéli xale yi / Demba moo leen di jéli / Demba la.

2. a. fudd – b. joxandi – c. tàmbali

3. a. fudd – b. setal – c. kër-oo-kër

14. MEUBLER SON LOGEMENT

1. a. Salon bu bees lañu wara wut. – b. Benn baaxatul. – c. Uléy mooy jénd mbubbi julli xale yi / Uléy la.

2. a. xalaat – b. baaxatul – c. bos

3. a. dem – b. dëger – c. seetlu

15. LANCER UNE INVITATION

1. a. Astu moo wësin / Astu la. – b. Doomu Laay lañuy génte / Taawu Laay lañuy génte. – c. Biig la Astu mucc.

2. a. Ñépp – b. Sériñ – c. teral

3. a. Ndokkale – b. teew – c. njëkkër

16. S'ORIENTER EN VILLE

1. a. Kër Omar lañuy dem. – b. Mbedd mu sew mi lañuy jél. – c. Dafa foog ne Anta dafa gëlëm.

2. a. yow – b. yoon – c. wutsi

3. a. topp – b. daje – c. làmmiñ

4. a. Na noppi te topp ma ! – b. Naa tàllal ba ca kanam. – c. Nangeen dem ba ca guy gale ngeen di séen.

17. EN VILLE

1. a. Ragal na ne saxaar dina leen raw. – b. Tëngéej lañu bëgga dem. – c. Mukk ci àdduna ! (ou bien) Bëggul jél jakartaa.

2. a. neex-ee – b. jakartaa – c. xalaat-u-ma – d. na-ñu – e. xamoon

3. a. raw – b. bank – c. weesu

4. a. Xamoon nanu ne doo ñów. – b. Duma naan coca te jus de pomme am. – c. Ni mu baaxe !

18. CIRCULATION EN VILLE

1. a. Kartaagiris, assurance ak permis de conduire. – b. Ab kayit la saandarm bi jox dawalkat bi. (ou bien) Ab kayit la ko jox. – c. Fourrière la saandarm bi bëgga yóbbu woto bi. (ou bien) Fourrière la ko bëgga yóbbu.

2. a. Dañu wax ne dafa fàtte ay kayitam. – b. Dañu ko jox ab kayit. – c. Dañuy yóbbu woto bi fourrière.

3. a. lan – b. doxale – c. dimbali

19. LES COURSES

1. A = 2 – B = 3 – C = 1

2. a. ko – b. ak – c. tëll

3. a. ñaata – b. lali – c. wecc

4. a. Joxal caabi ji gendarme bi te bind sa tur fii – b. Bindal ma sa tur. – c. Toggal ma ceeb. – d. Vends-moi du poisson. – e. Donne la clé à Omar. – f. Prépare du riz pour Omar.

20. AU GRAND MAGASIN

1. a. Janx bi la (jaaykat bi) nuyu. – b. Dàll yi dañu xat. – c. Janx bi dafa làkk wolof.

2. a. Foo dëkk ? – b. Lan lay jaay ? – c. Ban ngay waxaale ? – d. Kooy àndal Gore ? – e. Yu ngeen bëgg ?

3. a. làkk – b. nëtëx – c. féex

21. À LA MAIRIE

1. a. Kayitu juddu la bëgg. – b. Godagen la juddoo. – c. Gannaaw-ëllëg la koy jot.

2. a. wut – b. bërëb – c. loxo

3. a. jàppuma – b. juddoo – c. càmmoñ

22. CHEZ LE MÉDECIN

1. a. Dafa feebar. – b. Dafa bëgg seet deretam. (ou bien) Dafa bëgg xam lu ko jot. – c. Déedéet, duy sëqët.

2. a. ngiy – b. sëqët – c. bakken

3. a. yaram – b. sibiru – c. jam

23. MONUMENTS ET LIEUX TOURISTIQUES

1. a. Chaloupe bi lañuy deme (ou) Chaloupe bi lañuy jél. – b. Gëltàppe la nekk. (ou bien) Mu ngi Gëltàppe. – c. Dafa am ngànt àllarba.

2. a. tey – b. ngir – c. ndax

3. a. yàkkamtee – b. Nanga – c. ànd

24. LES LOISIRS

1. a. Rosali du noppalu bu delloo France. – b. Bu wàccee liggéey, li gëna bare, dafay futbali. – c. Moo la dàqa futbal.

2. Dinaay joŋante ; dingay joŋante ; dinay joŋante ; dinanuy joŋante ; dingeen di joŋante ; dinañuy joŋante.

Dinaa joŋante ; dinga joŋante ; dina joŋante ; dinanu joŋante ; dingeen joŋante ; dinañu joŋante.

3. a. moy – b. noppalu – c. dex

4. a. Rosali, ganu Niko la. – b. Robeer, France la jóge. – c. Fi mu dëkke dafa am dex. – d. Niko, moo jéloon raaya bi daaw.

25. ORGANISER UN VOYAGE

1.

Présentatif inaccompli	Verbe en tête de phrase (Le parfait)
Maa ngiy waaj	Waaj naa
Yaa ngiy waaj	Waaj nga
Mu ngiy waaj	Waaj na
Nu (ou bien noo) ngiy waaj	Waaj nanu
Yeena ngiy waaj	Waaj ngeen
Ñu (ou bien ñoo) ngiy waaj	Waaj nañu

2.

COLONNE 1	COLONNE 2
baa	
bëgga	bëgga
dina	
dinaa	
mbaa	
mënatula	mënatula
naa	
nga	
ngaa	ngaa
soxla	
teelee	teelee
woo	

3. Dina ma abal wotoom. Dina la abal kameraam. Dina ko abal dàllam. Dina nu abal këram. Dina leen abal gaalam. Dina leen abal fasam.

4.

1.	2.
Dafa am soxla su ko bett.	Dafa am soxla yu ko bett.
Jàpp naa néeg bu am télé.	Jàpp naa néeg yu am télé.
Xam naa bu baax ne dinga bëgga seetaan match bi.	

Bien qu'étant construit avec le pronom relatif bu, le groupe bu baax forme une locution adverbiale et reste donc invariable (bu baax = bien).

26. À L'HÔTEL

27 1.

Traduction	Réponses
a. Qu'est-ce que le réceptionniste a dit à Raki et Ndiawar ?	Dalleen ci jàmm !
b. Est-ce qu'il y a des cafards dans l'hôtel ?	Hôtel bi amul mbóot.
c. Qu'est-ce que Ndiawar doit remettre au réceptionniste ?	Dantite bi.

2.

1.	2.	3.	4.
Doxe naa naaj.	Dama jàpplu néeg.	Bu ma génnee.	Ñaata fan laa fi nara des ?
Doxe nga naaj.	Danga jàpplu néeg.	Boo génnee.	Ñaata fan nga fi nara des ?
Doxe na naaj.	Dafa jàpplu néeg.	Bu génnee.	Ñaata fan la fi nara des ?
Doxe nanu naaj.	Danu jàpplu néeg.	Bu nu génnee.	Ñaata fan lanu fi nara des ?
Doxe ngeen naaj.	Dangeen jàpplu néeg.	Bu ngeen génnee.	Ñaata fan ngeen fi nara des ?
Doxe nañu naaj	Dañu jàpplu néeg.	Bu ñu génnee.	Ñaata fan lañu fi nara des ?

3. a. Ndaxam tàngoon na. – b. Bu ko ko jox ! – c. Dunu fi fanaan ñaari guddi. – d. Bul yóbbu gan yi ci chambre Noflaay.

27. SORTIR

1. Njawar, dunu seetaani régate bi ? (Futur par l'emploi de la conjugaison) ; – 16 heures lay door. (Futur par l'emploi du suffixe -y) ; – Kon, man, nu may def ? (Futur par l'emploi du suffixe -y) ; – Foofa mooy gëna xumb sax ci yow. (Futur par l'emploi du suffixe -y) ; – Bu match bi jéexee, nu doxantuji biir Ndar. (Futur antérieur : bu … Verbe+ee) ; – Benn xew du leen rëcc. (Futur par l'emploi de la conjugaison)

2. a. Ban waxtu la woon ? – b. Mënoon naa dem ca accueil ba. – c. Danu doon topp kóllare. – d. Waaw, tontooguloo woon.

28 3. a. Mënul dem ca régate ba. – b. Ci accueil bi am na télé. – c. Doxantuji biir Ndar. – d. Omar la àndaloon Goxu-Mbaaj.

4.

seetaani		
seet	-aan	-i
regarder	idée d'action continue	idée de partir

àndaloon		
ànd	-al	-oon
aller en compagnie	avec	passé

tontooguloo		
tontu	-agul	-oo
répondre	*pas encore*	2ᵉ pers. sing

28. AU RESTAURANT

1. a. Sama waay, ñaata ngay jaay<u>e</u> kilo xar bi ? Ici, il est l'équivalent de la préposition à dans la traduction en français : à combien… – b. Fii lanu koy lekk<u>e</u>. Ici, il est l'équivalent de la préposition à dans la traduction en français : à cet endroit… – c. Fu nu toog<u>e</u> baax na. Ici, il est l'équivalent de la préposition par dans la traduction en français : par *quelque endroit que …*

2. Le -al de la phrase 2 est l'intrus : c'est un -al de l'impératif tandis que les 2 autres sont des -al du bénéfactif (faire pour quelqu'un).

3. a. Fan moo leen gënal, ci biir am ci biti ? – b. Lan nga ci xalaat, Njawar ? – c. Lan ngeen bëgga naan ?

4. a. Njawar duy lekk laxas. – b. Foofaay gëna féex. – c. Ràkki moo bëgga naan coca.

29. PROJETS DE VACANCES

1. a. Waxaguma dara lu jëm ci vacances yi. – b. Tefesu Ngapparu neex naa sangoo. – c. Amul gaynde. – d. Dama soxla noppalu.

2.

Waxaguma dara.	*Je n'ai encore rien dit.*
Waxaguloo dara.	*Tu n'as encore rien dit.*
Waxagul dara.	*Il/Elle n'a encore rien dit.*
Waxagunu dara.	*Nous n'avons encore rien dit.*
Waxaguleen dara.	*Vous n'avez encore rien dit.*
Waxaguñu dara.	*Ils/Elles n'ont encore rien dit.*

Dinaa mëna dem.	*Je pourrai partir.*
Dinga mëna dem.	*Tu pourras partir.*
Dina mëna dem.	*Il/Elle pourra partir.*
Dinanu mëna dem.	*Nous pourrons partir.*
Dingeen mëna dem.	*Vous pourrez partir.*
Dinañu mëna dem.	*Ils/Elles pourront partir.*

Gisuma woon gaynde.	*Je n'avais pas vu de lions.*
Gisuloo woon gaynde.	*Tu n'avais pas vu de lions.*
Gisuloon gaynde.	*Il/Elle n'avait pas vu de lions.*
Gisunu woon gaynde.	*Nous n'avions pas vu de lions.*
Gisuleen woon gaynde.	*Vous n'aviez pas vu de lions.*
Gisuñu woon gaynde.	*Ils/Elles n'avaient pas vu de lions.*

Muñal.	*Patiente.*
Muñleen.	*Patientez.*

3. a. -u négation : waxagunu ; raw<u>u</u> ; gis<u>u</u>ma – b. -u connectif : tefes<u>u</u>

4. a. Court de tenis bi moo bees Ngapparu. – b. Ngir wëri baie de Somone bi ak xale yi. – c. Ci Réserve de Bandia am na bukki, mbaam-àll, njamala, jasig, golo, rhinocéros, kooba.

30. DÉPART EN VACANCES

1. a. Demleen tàggu mami. – b. Wóor na nu ne liggéeyul bu baax. – c. Jél nanu sunuy cahiers de révisions. – d. Woto bi dafa yiix.

2. a. Wóor na ma ne jéluleen seen cahiers de révisions. – b. Dawalal ! Bu nuy dellusi, ma awu la. – c. Usmaan, wool mami Korin, ne ko jóge nanu Dakar. – d. Bun tolloo Jamñaajo, nu jéndal ko ndaamaraas. – e. Camion yaa ngi nuy yiixal. – f. Waaye ñoo ngi nuy xër ak seen saxaar si.

3. a. Bu ñuy dellusi la bëgga dawal ? – b. Mamie Korin lay wax "Jóge nanu Dakar". – c. Amuñu rendez-vous ; ci vacances lañu ne.

MÉMOS GRAMMAIRE & CONJUGAISON

◆ À PROPOS DE LA CONSTRUCTION DE LA PROPOSITION
LE COMPLÉMENT EN TÊTE DE L'ÉNONCÉ

Quand le complément est le mot le plus important de l'énoncé, il se place en tête, suivi de **la** qu'on peut traduire par *c'est… que…* ; ensuite vient le sujet (S), puis le verbe (V). Selon que le sujet est 1re, 2e ou 3e personne, **la** s'efface ou s'attache à ce sujet pronominal pour ensemble former une "conjugaison".

LE VERBE EN TÊTE DE L'ÉNONCÉ

Quand le verbe est le mot le plus important de l'énoncé, il se place en tête, suivi de **na** qui s'attache au sujet grammatical qui est toujours un pronom, puis, éventuellement, vient le reste (complément, adverbe).

LE SUJET EN TÊTE DE L'ÉNONCÉ

Quand le sujet est le mot le plus important de l'énoncé, il se place en tête, suivi de **a** qu'on peut traduire par *c'est… qui…* ; ensuite vient le verbe (V), puis le complément (C).

LE FUTUR EN *DINA*

dina suivi du verbe est la forme de base pour exprimer le futur. Sa conjugaison est : **dinaa, dinga, dina, dinanu, dingeen, dinañu**.

L'ÉNONCÉ INCITATIF OU SUGGESTIF

Il est introduit par **na** suivi de S + V + C.

L'IMPÉRATIF

Le mode impératif ne s'emploie qu'avec la deuxième personne.
Au pluriel, on ajoute **-leen** au verbe quel qu'il soit.
Au singulier, il y a trois cas :
- ajouter **-al** au verbe finissant par une consonne,
- ajouter **-l** au verbe finissant par **i**, **u** ou bien voyelle longue,
- ajouter **-l** en allongeant la voyelle finale (sauf avec **-i** et **-u**).

L'IMPÉRATIF DANS UN ÉNONCÉ OÙ IL Y A UNE SUITE DE VERBES À L'IMPÉRATIF

Quand deux verbes coordonnés sont à l'impératif, seul le premier prend la marque de l'impératif (**-al**).

EFFACEMENT DE LA MARQUE DE L'IMPÉRATIF

Quand la marque **-l** ou **-al** de l'impératif est suivie par un substantif (nom), on la garde. Quand elle est suivie par un pronom, on ne la garde pas.

L'IMPÉRATIF + RÉPÉTITION

En mettant la marque de l'impératif **-al** (variante **-l**) sur l'inaccompli **di**, on ajoute au verbe une valeur de répétition.

LE PRÉSENTATIF *A NGI/ A NGA*

Il est l'équivalent de *voici*, *voilà*.

L'ÉNONCÉ EN *DAFA*

La conjugaison en **dafa** a une valeur explicative.
Dans cette conjugaison, la syllabe **fa** n'apparaît qu'à la troisième personne du singulier.

LA PROPOSITION SUBORDONNÉE RELATIVE

La proposition subordonnée relative est introduite par le pronom relatif **bu** (**bi** ; **ba**), ou ses variantes avec **g**, **j**, **k**, **l**, **m**, **s**, **w** au singulier, **y** et **ñ** au pluriel.

STRUCTURE DE LA PROPOSITION DANS UNE SUBORDONNÉE COMPLÉTIVE

La structure de la proposition subordonnée complétive est : Sujet + Verbe (+ Complément).

STRUCTURE DE L'ÉNONCÉ APRÈS *GULEET*

Après **guléet** *(pour la première fois)*, la structure de l'énoncé est :
Guléet Sujet + Verbe + Complément.

STRUCTURE DE LA PROPOSITION APRÈS *LU TAX* "POURQUOI"

Après la locution interrogative **lu tax** *pourquoi*, si la phrase n'est pas à la forme négative, la structure de la proposition est simple : Sujet + Verbe (+ Complément).

VERBES ET INTERJECTIONS NON MARQUÉS PAR L'IMPÉRATIF SINGULIER

Il y a une liste fermée de verbes qui ne prennent pas la marque **-al** (ou **-l**) de l'impératif. Ces verbes et interjection sont : **Am !** *Tiens !* ; **Kaay !** *Viens !* ; **Aca, ayca, aywa !** *Allez !* ; **Indi !** *Apporte !*

EXPRIMER L'HABITUDE PAR LA CONJUGAISON

En combinant l'outil de la conjugaison du futur **dina** avec la marque de l'inaccompli **-y**, on introduit la notion de quelque chose qui se produit avec une certaine fréquence.

◆ LE VERBE ET SES MODIFICATEURS
L'ADVERBE D'INTENSITÉ SPÉCIFIQUE À UN VERBE

On exprime l'intensité d'un verbe d'état (adjectif en français) par une réduplication du verbe ou par un adverbe d'intensité qui lui est spécifique.

L'INACCOMPLI -Y

On donne à un verbe la valeur du présent continu *(en train de)* en lui ajoutant **-y**. On peut avoir **di** à la place de **-y**, mais sans l'attacher.

L'INACCOMPLI AVEC VALEUR DE FUTUR

Le suffixe **-y**, marque de l'inaccompli, sert, entre autres, à donner à un verbe la valeur de futur dans un énoncé où l'outil de la conjugaison du futur (**dina**) n'est pas employé.

LE SUFFIXE -AT POUR DIRE "NE PLUS"

La structure d'un énoncé dont le verbe porte la négation *ne plus* est :
Verbe + **at** (répétition) + Négation + Sujet (+ Complément).

LE SUFFIXE -AGUM POUR EXPRIMER L'IDÉE VERBE + "POUR LE MOMENT"

Le suffixe **-agum** ajouté à un verbe indique un accomplissement partiel.

LE SUFFIXE DE LA NÉGATION

La marque de la négation est **-ul** avec les variantes **-ut** et **-u**. Devant un pronom, le **l** s'efface.

LE SUFFIXE *-I* D'ÉLOIGNEMENT

En ajoutant à un verbe le suffixe **-i**, on lui apporte la connotation *partir*.

LE SUFFIXE *-SI* DE RAPPROCHEMENT

À l'inverse du suffixe **-i**, le suffixe **-si** ajoute la connotation *venir*.

LE SUFFIXE DE LA RÉPÉTITION OU ITÉRATIF

Pour indiquer qu'une action est répétée, on ajoute au verbe le suffixe **-aat**.

LE SUFFIXE DU PASSÉ

Le passé est indiqué par le suffixe **-oon** attaché au verbe si celui-ci est terminé par une consonne. Si le verbe se termine par une voyelle, on écrit séparément **-woon**.
Le suffixe **-oon** du passé sert aussi de marque de politesse entre locuteurs.

LE SUFFIXE *-ANDI* POUR DIRE "EN ATTENDANT"

Pour exprimer l'idée *verbe + en attendant* on ajoute au verbe le suffixe **-andi**.

LE SUFFIXE CAUSATIF *-LU*

Le suffixe **-lu** exprime l'idée de *faire faire*. Il est incompatible avec la mention explicite de l'agent (on ne peut pas nommer cette tierce personne qui fait l'action).

LE SUFFIXE DE RÉCIPROCITÉ *-ANTE*

On exprime la réciprocité en ajoutant **-ante** au verbe.

LE SUFFIXE *-AAN* ET LE VERBE *NE* "DIRE"

Le suffixe **-aan**, appliqué au verbe **ne** (*dire*) en particulier, lui apporte la valeur du gérondif (ou participe présent) en français comme dans : *en disant*.
Le verbe **ne**, employé seul, a une valeur d'accompli (participe passé). Il ne peut pas être construit avec la marque de l'inaccompli **-y**.

Les suffixes **-al**.
-al (comitatif) (équivalent de **ak**) = *avec* (cf. Module 8).
-al (bénéfactif) = *faire à la place d'une tierce personne* (cf. Module 12).
-al (causatif) = *rendre dans l'état exprimé par le verbe* ; *cause* (cf. Module 13).

LES SUFFIXES *-ANDOO* ET *-AALE* POUR EXPRIMER LA SIMULTANÉITÉ

On ajoute le suffixe **-andoo** à un verbe quand, plusieurs sujets, chacun indépendamment de l'autre, font une chose au même moment.
On ajoute le suffixe **- aale** à un verbe quand un sujet fait deux actions simultanément.

SUFFIXE D'ANTÉRIORITÉ : *-EE*

Le suffixe **-ee** indique la chronologie de la réalisation des verbes. Comme le futur antérieur en français.
Après la négation dans les subordonnées de temps ou de condition, on peut l'omettre.

UN SUFFIXE À PLUSIEURS VALEURS : *-E*

Le suffixe **-e** peut :
- Exprimer l'idée de réciprocité, (cf. Module 8),
- Permettre au verbe de prendre un complément d'objet direct (cf. Module 11),
- Permettre au verbe de prendre un complément circonstanciel (cf. Module 11),
- Permettre de ne pas expliciter un complément d'objet indirect (cf. Module 12),
- Avoir le sens de la préposition *avec* (cf. Module 14),
- Donner le sens de *par où*, (cf. Module 19),
- Permettre d'introduire le lieu d'accomplissement de l'action (cf. Module 21).

UN SUFFIXE CAUSATIF : *-LOO*

Le suffixe causatif **-loo** exprime l'idée de pousser quelqu'un à faire quelque chose, être l'instigateur de son action.

LE CONNECTIF *-U*

Le connectif **-u** établit un lien entre deux noms. Il s'efface quand il doit s'attacher à une voyelle. Par rapport au français, il a la même fonction que les prépositions *de*, *en*, *à*.

"N'AVOIR PAS ENCORE" + VERBE

Vous avez appris au module 13 que pour dire qu'on n'a pas encore fait telle chose, la conjugaison dépend de la structure de la proposition :

- Si le verbe est le terme le plus important de la proposition, voir le tableau ci-dessous qui rappelle la congugaison.

- Si les structures sont en : **ma**, **la**, **dafa**, **minimal**, il suffit d'ajouter… **-agul** à toutes les personnes de la conjugaison comme indiqué ci-dessous.

Le verbe est le terme le plus important		
1ʳᵉ pers. sing.	**Gisaguma …**	Je n'ai pas encore vu …
2ᵉ pers. sing.	**Gisaguloo …**	Tu n'as pas encore vu …
3ᵉ pers. sing.	**Gisagul …**	Il/Elle n'a pas encore vu …
1ʳᵉ pers. pl.	**Gisagunu …**	Nous n'avons pas encore vu …
2ᵉ pers. pl.	**Gisaguleen …**	Vous n'avez pas encore vu …
3ᵉ pers. pl.	**Gisaguñu …**	Ils/Elles n'ont pas encore vu …

Le sujet est le terme le plus important (structure en **ma**)		
1ʳᵉ pers. sing.	**Maa gisagul.**	C'est moi qui n'ai pas encore vu.
2ᵉ pers. sing.	**Yaa gisagul.**	C'est toi qui n'as pas encore vu.
3ᵉ pers. sing.	**Moo gisagul.**	C'est lui/elle qui n'a pas encore vu.
1ʳᵉ pers. pl.	**Noo gisagul.**	C'est nous qui n'avons pas encore vu.
2ᵉ pers. pl.	**Yeena gisagul.**	C'est vous qui n'avez pas encore vu.
3ᵉ pers. pl.	**Ñoo gisagul.**	Ce sont eux/elles qui n'ont pas encore vu.

Le complément est le terme le plus important (structure en **la**)		
1ʳᵉ pers. sing.	**… laa gisagul.**	(c'est…que) je n'ai pas encore vu.
2ᵉ pers. sing.	**… nga gisagul.**	(c'est…que) tu n'as pas encore vu.
3ᵉ pers. sing.	**… la gisagul.**	(c'est…que) il/elle n'a pas encore vu.
1ʳᵉ pers. pl.	**… lanu gisagul.**	(c'est…que) nous n'avons pas encore vu.
2ᵉ pers. pl.	**… ngeen gisagul.**	(c'est…que) vous n'avez pas encore vu.
3ᵉ pers. pl.	**… lañu gisagul.**	(c'est…que) ils/elles n'ont pas encore vu.

Explicatif (structure en **dafa**)		
1ʳᵉ pers. sing.	**Dama gisagul …**	Je n'ai pas encore vu …
2ᵉ pers. sing.	**Danga gisagul …**	Tu n'as pas encore vu …
3ᵉ pers. sing.	**Dafa gisagul …**	Il/Elle n'a pas encore vu …

1ʳᵉ pers. pl.	**Danu gisagul …**	Nous n'avons pas encore vu …
2ᵉ pers. pl.	**Dangeen gisagul …**	Vous n'avez pas encore vu …
3ᵉ pers. pl.	**Dañu gisagul …**	Ils/Elles n'ont pas encore vu …

Phrase narrative ou prop. subordonnée (structure en minimal)		
1ʳᵉ pers. sing.	**Ma gisagul.**	Que je n'aie pas encore vu.
2ᵉ pers. sing.	**Nga gisagul.**	Que tu n'aies pas encore vu.
3ᵉ pers. sing.	**Mu gisagul.**	Qu'il/elle n'ait pas encore vu.

1ʳᵉ pers. pl.	**Nu gisagul.**	Que nous n'ayons pas encore vu.
2ᵉ pers. pl.	**Ngeen gisagul.**	Que vous n'ayez pas encore vu.
3ᵉ pers. pl.	**Ñu gisagul.**	Qu'ils/elles n'aient pas encore vu.

LE A VERBAL

a apparaît dans les constructions comme indice verbal. On l'attache à un mot pour indiquer que le mot qui suit est un verbe.

LE VERBE *WÓOR*

Employé sans complément d'objet, **wóor** signifie *être fiable, être sans danger, être sûr*.

Avec un complément d'objet, il signifie *avoir la certitude, être sûr que, être sûr de, être certain pour quelqu'un*.

AVEC LE NOM
L'ARTICLE DÉFINI

L'article défini wolof se place après le nom, il varie en fonction du nom et véhicule la notion proche/distant.

L'ARTICLE INDÉFINI *AY* OU *I*

ay (variante **i**) est l'article indéfini pluriel wolof pour tous les noms.

L'ARTICLE REPRÉSENTANT UN NOM SOUS-ENTENDU

L'article défini détermine un nom en particulier. Quand ce nom est sous-entendu, l'article le représente.

LE PRONOM POSSESSIF *BOS*

Pour ne pas répéter le nom de ce qui est possédé, on le remplace par le pronom possessif **bos**. La consonne **b-** varie en fonction de la classe et du nombre du nom remplacé.

LE PRONOM RELATIF

Le pronom relatif se forme avec les consonnes **b**, **g**, **j**, **k**, **l**, **m**, **s**, **w** au singulier, **y** et **ñ** au pluriel auxquelles on ajoute **-u** pour l'indéfini, **-i** pour le défini proche, **-a** pour le défini distant.

Il sert à introduire une proposition subordonnée relative.

LES PRONOMS AUTONOMES

	Pronoms autonomes	Pronoms toniques du français
1ʳᵉ pers. sing.	**man**	*moi*
2ᵉ pers. sing.	**yow**	*toi*
3ᵉ pers. sing.	**moom**	*lui/elle*

1ʳᵉ pers. pl.	**nun**	*nous*
2ᵉ pers. pl.	**yeen**	*vous*
3ᵉ pers. pl.	**ñoom**	*leur*

ÉCONOMIE DE L'EMPLOI DU PRONOM

Quand dans une phrase, la proposition principale est placée après la proposition subordonnée, si le sujet du verbe de la subordonnée et celui du verbe de la principale sont la même personne, le sujet du verbe peut être omis dans la proposition principale.

ÉCONOMIE D'EMPLOI RÉPÉTITIF DU SUJET

Dangay jél Dem-Dikk 9, wàcc marse Sàndaga *Vous prendrez le Dem-Dikk 9, descendez au marché Sandaga*. On peut ne pas répéter le sujet **nga** dans cet énoncé car il est le sujet des deux verbes **jél** et **wàcc**.

Par économie, quand dans deux propositions, deux verbes ont le même sujet, celui-ci sera omis pour le 2e verbe.

Exemples :

Dama bëgga ñów *Je veux venir*.

ma (*je*) est le sujet de **bëgg** (*vouloir*) mais aussi de **ñów** (*venir*), il ne sera pas répété pour **ñów**.

Dama bëgg nga ñów *Je veux que tu viennes*.

ma (*je*) est le sujet de **bëgg** (*vouloir*) mais pas de **ñów** (*venir*) dont le sujet est **nga** (*tu*).

LES PRONOMS PERSONNELS : COMPLÉMENT, SUJET, GÉNITIVAL

	Complément	
1re pers. sing.	**ma**	*me, moi*
2e pers. sing.	**la**	*te, toi*
3e pers. sing.	**ko**	*le/la*

1re pers. pl.	**nu**	*nous*
2e pers. pl.	**leen**	*vous*
3e pers. pl.	**leen**	*les*

	Sujet	
1re pers. sing.	**ma**	*je*
2e pers. sing.	**nga ; ya**	*tu*
3e pers. sing.	**mu**	*il/elle*

1re pers. pl.	**nu**	nous
2e pers. pl.	**ngeen**	vous
3e pers. pl.	**ñu**	ils/elles

	Génitif	
3e pers. sing.	**bu**	celui de / celle de
3e pers. pl.	**yu**	ceux de / celles de

QUEL PRONOM POUR L'INDÉFINI ?

En wolof, le pronom de la 3e personne du pluriel **ñu** peut être traduit par le pronom indéfini *on*.

"TOUT" : INDÉFINI OU TOTALITÉ D'UN ÉLÉMENT ; "TOUS" TOTALITÉ DE PLUSIEURS ÉLÉMENTS

La marque de la totalité est **-épp**. Elle prend la consonne de classe (singulière ou plurielle) de l'élément concerné.

QUAND LE NUMÉRAL *BENN* DEVIENT "AUCUN"

Quand le numéral **benn** détermine un nom qui est sujet d'un verbe à la forme négative, il équivaut à *aucun*.

LE DÉMONSTRATIF

Le démonstratif se forme avec **-ii (-ile)**, **-ale**, **-oo-u**, **oo-ale** affixés à la consonne de classe du nom concerné.
Exemple : **xale** *enfant* (classe **b**), on a **xale bii ou bile**, **xale bale**, **xale boobu**, **xale boobale**.

LE POSSESSIF

	Objet au singulier		Objet au pluriel	
1re pers.	**sama kër**	ma maison	**samay kër**	mes maisons
2e pers.	**sa kër**	ta maison	**say kër**	tes maisons
3e pers.	**këram**	sa maison	**ay këram**	ses maisons

1ʳᵉ pers.	**sunu kër**	*notre maison*	**sunuy kër**	*nos maisons*
2ᵉ pers.	**seen kër**	*votre maison*	**seeni kër**	*vos maisons*
3ᵉ pers.	**seen kër**	*leur maison*	**seeni kër**	*leurs maisons*

DES NOMS QUI VARIENT AU PLURIEL

En règle générale, les noms en wolof ne varient pas en nombre.

RÉDUCTION DE LA QUALITÉ D'UN NOM

En français, avec le suffixe **-ette**, on peut opposer *maison/maisonnette, savon/savonnette*, etc. En wolof, il faut mettre le nom dans la classe **s-**. Par exemple : **ag kër** *une maison*/**as kër** *une maisonnette*.

Mais dans beaucoup de cas, ceci entraîne un changement dans la forme du mot. Ainsi, **jëkkër** *époux* appartient à la classe **j-** et devient **njëkkër** *petit époux* dans l'énoncé **Sama njëkkër si**.

◆ COMMENT DIRE …
"DEPUIS" : TEMPS ÉCOULÉ

Pour indiquer le temps écoulé *depuis*, on exprime ce temps écoulé suivi de **a ngi** *voici*.

"CE N'EST PAS TON AFFAIRE…"

Tandis qu'en français on dit *ça ne te regarde pas, mêle-toi de tes affaires*, en wolof on dit **sa yoon nekku ci** littéralement "ton chemin n'y est pas".

"AVOIR ÉTÉ SUR LE POINT DE…"

Pour dire *avoir été sur le point de*…, il faut utiliser la forme conjuguée de **dem ba** *aller jusque*. Exemple : **Dem naa bay toog** *J'étais sur le point de m'asseoir*. (litt. "Je suis allé jusqu'à m'asseoir").

"EN PERSONNE" / "SOI-MÊME"

La locution **ci sama bopp** (*par ma tête*) veut dire : *en personne, soi-même*. Le possessif **sama** varie en fonction de la personne.

COMME EXCLAMATIF AVEC *NI*

ni, adverbe de comparaison peut servir à construire un énoncé exclamatif. On le traduit alors par : *comme, que, qu'est-ce que, combien*.

"ÊTRE" + NOM

Par opposition à *être* suivi d'un verbe il existe *être* suivi d'un nom ; ce 2e cas se construit comme suit : nom + **la** (conjugaison en **la**). Par exemple : **wolof laa** (*je suis wolof*) ; **góor laa** (*je suis un homme*) ; **jigéen nga** (*tu es une femme*) ; **nit lanu** (*nous sommes des personnes*)

SA PRÉFÉRENCE

Pour exprimer une préférence, on utilise la structure :
chose préférée **a gënal** C (si C est un nom) ou bien
chose préférée **a** C **gënal** (si C est un pronom).

"NE PAS ÊTRE" + NOM

	Ne pas être un vieux/une vieille	
1re pers. sing.	**Duma mag**.	Je ne suis pas un vieux.
2e pers. sing.	**Doo mag**.	Tu n'es pas un vieux.
3e pers. sing.	**Du mag**.	Il/Elle n'est pas un(e) vieux/vieille.

1re pers. pl.	**Dunu mag**.	Nous ne sommes pas des vieux.
2e pers. pl.	**Dungeen mag**.	Vous n'êtes pas des vieux.
3e pers. pl.	**Duñu mag**.	Ils/Elles ne sont pas des vieux/vieilles.

"OUI" : AFFIRMATION OU RÉPONSE À UN APPEL

Pour dire un *oui* d'affirmation, on dit **waaw** ; mais pour un *oui* de réponse à une interpellation, on dit **naam**.

"PAS PLUS TARD QUE" AVEC *REKK* "SEULEMENT"

Il faut mettre **rekk** après le complément de temps.

◆ QUELQUES LOCUTIONS

BU KO DEFEE : PROPOSITION ET LOCUTION

Comme proposition, **bu ko defee** signifie : *quand il l'aura fait*.
Comme locution, **bu ko defee** est invariable et signifie : *ce faisant…* ; *ainsi…* ; *alors…* ; *de la sorte*.

DE PARTICULE D'INSISTANCE

On emploie la particule **de** pour insister sur un nom ou sur un verbe.

LA LOCUTION CONJONCTIVE *SU FEKKEE NE*

Comme locution on peut traduire **su fekkee ne** par *si* ou *s'il se trouve que*. Dans le cas de la locution, on peut supprimer **ne** sans aucune incidence.
su fekkee, sans **ne** à la base, est une proposition, et signifie *s'il trouve*.

LA LOCUTION : *LI GËNA BARE*

Comme composants autonomes dans une proposition, **li gëna bare**, *la plus grande partie*.
Comme locution, **li gëna bare**, *le plus souvent*, *la plupart du temps*, *en général*.

LA LOCUTION : *LU MOY*

Considéré comme une seule unité, **lu moy** est une locution qui signifie *sauf*, *excepté*, *à moins que*, *hormis*.

LU JËM CI : PROPOSITION OU LOCUTION

Comme éléments de proposition, **lu jëm ci** veut dire : *quelque chose qui va vers*. Mais **lu jëm ci**, comme locution, constitue une seule unité signifiant : *concernant*.

RAWATI NA : PROPOSITION ET LOCUTION

Comme proposition, **rawati na** signifie : *il est encore une fois en tête* ; *encore une fois, il est arrivé premier*.
Comme locution, il est l'équivalent de : *plus encore* ; *pire encore* ; *surtout* ; *à plus forte raison*.

 **MÉMO**

NDAX : INTERROGATIF OU NON ?

Dans une phrase ayant une intonation de phrase déclarative ou formellement marquée par point final, **ndax**, signifie : *ce faisant …* ; *ainsi …*. Dans ce cas, la seule conjugaison possible est le minimal.

Avec une intonation de phrase interrogative ou formellement marquée par point d'interrogation, **ndax** signifie : *est-ce que*. Dans ce cas, toutes les conjugaisons sont possibles, à l'exception de l'impératif et de l'incitatif.

LA PLACE DE KON

La conjonction **kon** (*donc*) peut être placée en début ou en fin d'énoncé.

LA PRÉPOSITION CI

La préposition **ci** peut avoir le sens de : *pendant*, *pour*, *en*, *de*, *avec*, *à*, *vers*, *par*.

LES FONCTIONS DE REKK

rekk (*seulement*) est plus employé comme adverbe.
Il peut aussi jouer le rôle des locutions conjonctives *dès que* ; *à partir du moment où*.

EMPLOI RESTREINT DE LA CONJONCTION NE ("QUE" EN FRANÇAIS)

La conjonction ne s'emploie pas avec les verbes suivants :
ragal *craindre* ; **xam** *savoir* ; **foog** *penser* ; **defe** *penser* ; **xalaat** *penser* ; **njort** *penser* ; **yaakaar** *espérer* ; **gis** *voir* ; **seetlu** *remarquer* ; **yég** *apprendre (une nouvelle)* ; **dégg** *ouï-dire* ; **fàtte** *oublier* ; **fàttaliku** *se souvenir* ; **fàttali** *rappeler* ; **bind** *écrire* ; **wax** *dire* ; **yéene** *annoncer* ; **jàpp** *considérer* ; **gëm** *croire*.

NGIR CONJONCTION DE SUBORDINATION OPTIONNELLE

Ngir peut être une préposition : **def ko ngir man** *fais-le pour moi*.

Il peut aussi être une conjonction de subordination et introduire une proposition subordonnée de but. Dans ce cas, il est optionnel et peut être omis.

SENS ET EMPLOIS DE LA CONJONCTION *TE*

La conjonction **te** peut introduire une subordination entre deux propositions ou servir à coordonner deux propositions.

LE VOUVOIEMENT

Il n'y a donc pas de vouvoiement en wolof.
Le pronom de la 2ᵉ personne du singulier est **nga** (et ses variantes).
Le pronom de la 2ᵉ personne du pluriel est **ngeen** (et ses variantes).

VOYELLES FINALES MUETTES

Avec certains locuteurs, la voyelle **u** en position finale peut être muette dans certains mots. Pensez-y et rétablissez-la éventuellement.

◆ RÉCAPITULATIF DES CONJUGAISONS
LA CONJUGAISON EN *A NGI*

Singulier	
1ʳᵉ pers.	**Maa ngi toog.** *(Je suis assis.)*
2ᵉ pers.	**Yaa ngi toog.**
3ᵉ pers.	**Moo ngi toog.**

Pluriel	
1ʳᵉ pers.	**Noo ngi toog.**
2ᵉ pers.	**Yeena ngi toog.**
3ᵉ pers.	**Ñoo ngi toog.**

LA CONJUGAISON EN *LA*

Singulier	
1ʳᵉ pers.	**Jàmm laa fanaane.** *(C'est en paix que j'ai passé la nuit.)*
2ᵉ pers.	**Jàmm nga fanaane.**
3ᵉ pers.	**Jàmm la fanaane.**

Pluriel	
1ʳᵉ pers.	**Jàmm lanu fanaane.**
2ᵉ pers.	**Jàmm ngeen fanaane.**
3ᵉ pers.	**Jàmm lañu fanaane.**

LA CONJUGAISON EN *NA*

Singulier	
1ʳᵉ pers.	**Nelaw naa.** *(J'ai dormi.)*
2ᵉ pers.	**Nelaw nga.**
3ᵉ pers.	**Nelaw na.**

Pluriel	
1ʳᵉ pers.	**Nelaw nanu.**
2ᵉ pers.	**Nelaw ngeen.**
3ᵉ pers.	**Nelaw nañu.**

LA CONJUGAISON EN *NA* AVEC LA NÉGATION *-UL*

Singulier	
1ʳᵉ pers.	**Nelawuma.** *(Je n'ai pas dormi.* ou *Je ne dors pas.)*
2ᵉ pers.	**Nelawuloo.**
3ᵉ pers.	**Nelawul.**

Pluriel	
1ʳᵉ pers.	**Nelawunu.**
2ᵉ pers.	**Nelawuleen.**
3ᵉ pers.	**Nelawuñu.**

LA CONJUGAISON EN *DAFA*

Singulier	
1ʳᵉ pers.	**Dama am gan.** *(J'ai un hôte.)*
2ᵉ pers.	**Danga am gan.**
3ᵉ pers.	**Dafa am gan.**

Pluriel	
1ʳᵉ pers.	**Danu am gan.**
2ᵉ pers.	**Dangeen am gan.**
3ᵉ pers.	**Dañu am gan.**

LA CONJUGAISON EN *DINA* (FUTUR)

Singulier	
1ʳᵉ pers.	**Dinaa dégg.** *(J'entendrai.)*
2ᵉ pers.	**Dinga dégg.**
3ᵉ pers.	**Dina dégg.**

Pluriel	
1ʳᵉ pers.	**Dinanu dégg.**
2ᵉ pers.	**Dingeen dégg.**
3ᵉ pers.	**Dinañu dégg.**

LA CONJUGAISON EN *DINA* AVEC LA NÉGATION

Singulier	
1ʳᵉ pers.	**Duma dégg.** *(Je n'entendrai pas.)*
2ᵉ pers.	**Doo dégg.**
3ᵉ pers.	**Du dégg.**

Pluriel	
1ʳᵉ pers.	**Dunu dégg.**
2ᵉ pers.	**Dungeen dégg.**
3ᵉ pers.	**Duñu dégg.**

CONJUGUER *ÊTRE QUELQUE CHOSE*

Être un touriste	
1ʳᵉ pers. sing.	**Touriste laa.** *(Je suis touriste.)*
2ᵉ pers. sing.	**Touriste nga.**
3ᵉ pers. sing.	**Touriste la.**

1ʳᵉ pers. pl.	**Touriste lanu.**
2ᵉ pers. pl.	**Touriste ngeen.**
3ᵉ pers. pl.	**Touriste lañu.**

LA CONJUGAISON EN *A*

Singulier	
1ʳᵉ pers.	**Maay wax.** *(C'est moi qui parle.)*
2ᵉ pers.	**Yaay wax.**
3ᵉ pers.	**Mooy wax.**

Pluriel	
1ʳᵉ pers.	**Nooy wax.**
2ᵉ pers.	**Yeenay wax.**
3ᵉ pers.	**Ñooy wax.**

L'INCITATIF

Singulier	
1ʳᵉ pers.	**Naa dem ca kow.** *(Que j'aille en haut.)*
2ᵉ pers.	**Nanga dem ca kow.**
3ᵉ pers.	**Na dem ca kow.**

Pluriel	
1ʳᵉ pers.	**Nanu dem ca kow.** *(Allons en haut.)*
2ᵉ pers.	**Nangeen dem ca kow.**
3ᵉ pers.	**Nañu dem ca kow.**

L'INACCOMPLI AVEC VALEUR DE FUTUR

Singulier	
1ʳᵉ pers.	**Damay liggéey suba.** *(Je travaille demain.)*
2ᵉ pers.	**Dangay liggéey suba.**
3ᵉ pers.	**Dafay liggéey suba.**

Pluriel	
1ʳᵉ pers.	**Danuy liggéey suba.**
2ᵉ pers.	**Dangeen di liggéey suba.**
3ᵉ pers.	**Dañuy liggéey suba.**

LE FUTUR ET LA NÉGATION

Singulier	
1ʳᵉ pers.	**Duma dem.** *(Je ne partirai pas.)*
2ᵉ pers.	**Doo dem.**
3ᵉ pers.	**Du dem.**

Pluriel	
1ʳᵉ pers.	**Dunu dem.**
2ᵉ pers.	**Dungeen dem.**
3ᵉ pers.	**Duñu dem.**

L'EXPESSION DE L'HABITUDE : FUTUR + INACCOMPLI

	Affirmation	Négation
1ʳᵉ pers. sing.	**Dinaay sëqët.** *(Je tousse.)*	**Dumay sëqët.** *(Je ne tousse pas.)*
2ᵉ pers. sing.	**Dingay sëqët.**	**Dooy sëqët.**
3ᵉ pers. sing.	**Dinay sëqët.**	**Duy sëqët.**
1ʳᵉ pers. pl.	**Dinanuy sëqët.**	**Dunuy sëqët.**
2ᵉ pers. pl.	**Dingeen di sëqët.**	**Dungeen di sëqët.**
3ᵉ pers. pl.	**Dinañuy sëqët.**	**Duñuy sëqët.**

L'IMPÉRATIF SANS OU AVEC L'INACCOMPLI

		sans l'inaccompli	avec l'inaccompli
Affirm.	2ᵉ pers. sing.	**Doxal** *(Marche)*	**Dil dox !** *(Marche !* (avec fréquence))
	2ᵉ pers. pl.	**Doxleen** *(Marches)*	**Dileen dox !**
Nég.	2ᵉ pers. sing.	**Bul dox**	**Bul di dox !**
	2ᵉ pers. pl	**Buleen dox**	**Buleen di dox !**

LA SIMULTANÉITÉ PAR OPPOSITION A L'ANTÉRIORITÉ

Simultanéité	
1ʳᵉ pers. sing.	**Bu may ñibbisi …** *(Quand je serai en train de rentrer...)*
2ᵉ pers. sing.	**Booy ñibbisi …**
3ᵉ pers. sing.	**Buy ñibbisi …**

1ʳᵉ pers. pl.	**Bu nuy ñibbisi …**
2ᵉ pers. pl.	**Bu ngeen di ñibbisi …**
3ᵉ pers. pl.	**Bu ñuy ñibbisi …**

Antériorité	
1ʳᵉ pers. sing.	**Bu ma ñibbisee ...** *(Quand je serai rentré...)*
2ᵉ pers. sing.	**Boo ñibbisee ...**
3ᵉ pers. sing.	**Bu ñibbisee ...**

1ʳᵉ pers. pl.	**Bu nu ñibbisee ...**
2ᵉ pers. pl.	**Bu ngeen ñibbisee ...**
3ᵉ pers. pl.	**Bu ñu ñibbisee ...**

CONJUGAISONS AVEC VARIANTES

lan/lu

Singulier	**lan**	**lu**
1ʳᵉ pers. sing.	Lan laa soxla ?	Lu ma soxla ? *(De quoi ai-je besoin ?)*
2ᵉ pers. sing.	Lan nga soxla ?	Loo soxla ?
3ᵉ pers. sing.	Lan la soxla ?	Lu mu soxla ?

Pluriel		
1ʳᵉ pers. pl.	Lan lanu soxla ?	Lu nu soxla ?
2ᵉ pers. pl.	Lan ngeen soxla ?	Lu ngeen soxla ?
3ᵉ pers. pl.	Lan lañu soxla ?	Lu ñu soxla ?

naka/nu

	Naka (ou) **Nan**	**nu**
1ʳᵉ pers. sing.	Naka laa tudd ?	Nu ma tudd ? *(Comment je m'appelle ?)*
2ᵉ pers. sing.	Naka nga tudd ?	Noo tudd ?
3ᵉ pers. sing.	Naka la tudd ?	Nu mu tudd ?

1ʳᵉ pers. pl.	Naka lanu tudd ?	Nu nu tudd ?
2ᵉ pers. pl.	Naka ngeen tudd ?	Nu ngeen tudd ?
3ᵉ pers. pl.	Naka lañu tudd ?	Nu ñu tudd ?

"N'AVOIR PAS ENCORE" + VERBE

Le verbe étant le terme le plus important	
1re pers. sing.	**Gisaguma ...** *(Je n'ai pas encore vu...)*
2e pers. sing.	**Gisaguloo ...**
3e pers. sing.	**Gisagul ...**

1re pers. pl.	**Gisagunu ...**
2e pers. pl.	**Gisaguleen ...**
3e pers. pl.	**Gisaguñu ...**

Le sujet étant le terme le plus important	
1re pers. sing.	**Maa gisagul.** *(C'est moi qui n'ai pas encore vu.)*
2e pers. sing.	**Yaa gisagul.**
3e pers. sing.	**Moo gisagul.**

1re pers. pl.	**Noo gisagul.**
2e pers. pl.	**Yeena gisagul.**
3e pers. pl.	**Ñoo gisagul.**

Le complément étant le terme le plus important	
1re pers. sing.	**Faatu laa gisagul.** *(C'est Fatou que je n'ai pas encore vue.)*
2e pers. sing.	**Faatu nga gisagul.**
3e pers. sing.	**Faatu la gisagul.**

1re pers. pl.	**Faatu lanu gisagul.**
2e pers. pl.	**Faatu ngeen gisagul.**
3e pers. pl.	**Faatu lañu gisagul.**

Avec **dafa** : Valeur explicative	
1ʳᵉ pers. sing.	**Dama gisagul Faatu.** *(C'est que je n'ai pas encore vu Fatou.)*
2ᵉ pers. sing.	**Danga gisagul Faatu.**
3ᵉ pers. sing.	**Dafa gisagul Faatu.**

1ʳᵉ pers. pl.	**Danu gisagul Faatu.**
2ᵉ pers. pl.	**Dangeen gisagul Faatu.**
3ᵉ pers. pl.	**Dañu gisagul Faatu.**

Narratif ou subordonnée	
1ʳᵉ pers. sing.	**Ma gisagul…** *(Que je n'ai pas encore vu…)*
2ᵉ pers. sing.	**Nga gisagul…**
3ᵉ pers. sing.	**Mu gisagul…**

1ʳᵉ pers. pl.	**Nu gisagul…**
2ᵉ pers. pl.	**Ngeen gisagul…**
3ᵉ pers. pl.	**Ñu gisagul…**

"NE PLUS" + VERBE (INTERRUPTION D'ACTION)

Singulier	
1ʳᵉ pers.	**Liggéeyatuma.** *(Je ne travaille plus.)*
2ᵉ pers.	**Liggéeyatuloo.**
3ᵉ pers.	**Liggéeyatul.**

Pluriel	
1ʳᵉ pers.	**Liggéeyatunu.**
2ᵉ pers.	**Liggéeyatuleen.**
3ᵉ pers.	**Liggéeyatuñu.**

CONJUGAISONS DE LOCUTIONS

Ce n'est pas tes oignons ; ne te mêle pas de ça ; etc.

Singulier	
1ʳᵉ pers.	**Sama yoon neeku ci.**
2ᵉ pers.	**Sa yoon neeku ci.**
3ᵉ pers.	**Yoonam neeku ci.**

Pluriel	
1ʳᵉ pers.	**Sunu yoon neeku ci.**
2ᵉ pers.	**Seen yoon neeku ci.**
3ᵉ pers.	**Seen yoon neeku ci.**

… en personne ; soi-même :

Singulier	
1ʳᵉ pers.	**Man ci sama bopp.** *(Moi-même.)*
2ᵉ pers.	**Yow ci sa bopp.**
3ᵉ pers.	**Moom ci boppam.**

Pluriel	
1ʳᵉ pers. pl.	**Nun ci sunu bopp.**
2ᵉ pers. pl.	**Yeen ci seen bopp.**
3ᵉ pers. pl.	**Ñoom ci seen bopp.**

QUELQUES PARTICULARITÉS

Singulier	*avoir*	*venir*	*apporter*	*aller* (en interjection)
2ᵉ pers.	**Am** *(Tiens)*	**Kaay** *(Viens)*	**Indi(-l)** *(Apporte)*	**Aca, Ayca, Away** *(Allez !)*

Pluriel				
2ᵉ pers.	**Amleen**	**Kaayleen**	**Indileen**	**Acaleen, Aycaleen, Aywaleen**

🔺 LANGUE WOLOF

Mamadou CISSE. *Dictionnaire français – wolof*. Éditions Karthala, 2004
Jean Léopold DIOUF. *Dictionnaire wolof – français – wolof*. Éditions Karthala, 2002
Jean Léopold DIOUF. *Grammaire du wolof contemporain*. Éditions L'Harmattan, 2009
Jean Léopold DIOUF et Marina YAGUELLO. *J'apprends le wolof*. Éditions Karthala, 1991
Jean Léopold DIOUF. *Guide de conversation wolof*. Éditions ASSIMIL, 2014

■ LITTÉRATURE ET ESSAIS

Abdoulaye BARA DIOP. *La Société wolof, tradition et changement*. Éditions Karthala, 2012
Bubakar BORIS JOOB. *Doomi Golo, nettali*. Éditions Papyrus Afrique, 2003
Daouda NDIAYE. *Les sillons, Saawo yi, recueil de poèmes wolofs*. Éditions L'Harmattan, 2010
Lilyan KESTELOOT et Chérif MBODJ. *Contes et mythes wolof*. Éditions NEAS, 2006
Lilyan KESTELOOT et Bassirou DIENG. *Du Tieddo au Talibé*. Éditions Présence Africaine, 1989

◆ FILMS

Maandaa bi de Ousmane Sembène
Le camp de Thiaroye de Ousmane Sembène
Ceddo de Ousmane Sembène
Xala de Ousmane Sembène
La petite vendeuse de soleil de Jibril Jóob Mambety
Hyènes de Jibril Jóob Mambety
Le prix du pardon de Mansour Sora Wade
Félicité de Alain Gomis

Conception graphique, couverture et intérieur : Sarah Boris
Ingénieur du son : Léonard Mule @ Studio du Poisson Barbu

© 2018, Assimil.
Dépôt légal : août 2018
N° d'édition : 4429 - janvier 2025
ISBN : 978 2 7005 7104 2
www.assimil.com

Imprimé en République tchèque par PBtisk